$173.00
130

economía
y
demografía

DESEQUILIBRIO Y PRECIOS DE PRODUCCIÓN

por
ALBERTO BENÍTEZ

siglo veintiuno editores

IZTAPALAPA

siglo veintiuno editores, s.a. de c.v.
CERRO DEL AGUA 248, DELEGACIÓN COYOACÁN, 04310 MÉXICO, D.F.

siglo veintiuno de españa editores, s.a.
CALLE PLAZA 5, 28043 MADRID, ESPAÑA

portada de germán montalvo

primera edición, 1995

isbn 968-23-1972-2
en coedición con la universidad autónoma metropolitana-iztapalapa
isbn 970-620-532-2

ÍNDICE

A mis padres
Alejandro Benítez y
Magdalena Sánchez
por todo lo que compartimos

PREFACIO

En este libro se estudia un modelo de economía con producción, en el que los agentes económicos escogen las transacciones que les convienen, con base en los criterios habituales de maximización de la ganancia o de la utilidad. Al hacer su elección, cada agente considera el sistema de precios y, además, las decisiones de los otros agentes, mismas que restringen las posibilidades de elección de cada uno de ellos en diferente medida.

Esta interdependencia jerarquizada de los agentes económicos se introduce en este modelo mediante la figura de un sistema de racionamiento en el que cada agente ocupa una misma posición en las colas de todos los mercados. De esta forma, el margen de elección resulta más amplio en la medida en que el agente esté más cerca del principio de la cola y, en consecuencia, también aumenta su capacidad de influir en las decisiones de los demás.

Dentro del modelo se estudian exclusivamente las situaciones que corresponden a sistemas de precios de producción, caracterizados por un mismo valor a cada bien a lo largo del período de referencia, y además permitir la obtención de una misma tasa de ganancia en todas las ramas.

Su interés reside, por una parte, en que se trata de sistemas de precios que pueden considerarse deseables, desde el punto de vista de la política económica, ya que, por definición, son estables. Por otra parte, la uniformidad de la tasa de ganancia, en general se acepta como una de las propiedades a la que tienden las economías en las que los capitales se pueden desplazar libremente entre las diferentes actividades productivas.

En este trabajo se establece la existencia de situaciones de equilibrio con racionamiento y con precios de producción; se estudian varias propiedades de estas situaciones y también se presentan algunas consideraciones críticas en relación con otras publicaciones sobre estos mismos temas.

Como una consecuencia de lo anterior se sugiere la posibilidad de elaborar un modelo empírico que pueda ser de utilidad para estudiar los aspectos de la realidad económica que trata de representar el modelo.

El grado de dificultad que presentan las matemáticas utilizadas es semejante al de aquellas usadas en las publicaciones contemporáneas sobre los diferentes conceptos de equilibrio económico.

Sin embargo, se ha concentrado la mayoría de las demostraciones en cuatro apéndices, de tal forma que cualquier persona interesada –con un nivel medio en el dominio de las matemáticas y el uso de unos cuantos conceptos cuya definición se presenta en el texto– puede entender la exposición y conocer los resultados, resumidos en la última sección.

En mi opinión, la teoría económica contemporánea ha alcanzado un buen número de resultados importantes como producto del esfuerzo meritorio de muchos economistas. Los análisis que aquí se presentan se apoyan en algunos de esos avances. No obstante, nuestra disciplina se encuentra aún lejos de dominar su complejo objeto de estudio. Por ello, considero que este libro es apenas un paso intermedio en el largo camino hacia la construcción de una teoría económica satisfactoria.

Algunos de los resultados que se presentan aquí, se publicaron previamente como artículos, los cuales se señalan en la bibliografía.

Aprovecho este espacio para agradecer a Carlo Benetti la orientación y los valiosos comentarios con los que ha favorecido la investigación y, en igual medida, a Patrick Maurisson, quien me introdujo en el estudio de los precios de producción.

También agradezco a Christian Bidard, Miguel Ángel Díaz Cerecer, Antoine D'Autume, Etelberto Ortiz y Ricardo Solís por las provechosas discusiones que sostuvimos con respecto a varios aspectos de este trabajo, así como a los escritores Rafael Arriaga, Elena Garro, Edgar List y Helena Paz por el apoyo que me brindaron durante mis años estudiantiles.

Finalmente quiero mencionar a las instituciones que han contribuido para que esta investigación pudiera llevarse a cabo. Ellas son la Universidad Autónoma de Baja California, donde fui profesor durante 1987, la Universidad Autónoma Metropolitana, donde presto actualmente mis servicios y, dentro de ella, el doctorado en ciencias económicas con cuyos profesores y estudiantes he trabajado más estrechamente, el CAESAR de la Universidad de París-X y el CREPRA de la Universidad de Amiens que me invitaron a discutir con sus miembros algunos de mis resultados en el invierno de 1991, y el Sistema Nacional de Investigadores que me otorgó una beca para desarrollar la investigación que se resume en este libro.

ALBERTO BENÍTEZ SÁNCHEZ

México, D.F., febrero de 1995

INTRODUCCIÓN

Dentro de la literatura económica contemporánea, la teoría neoclásica y la teoría de los precios de producción presentan dos enfoques sobresalientes para el estudio de la determinación de los precios. Esto es así, tanto porque ambas son objeto del interés de un gran número de economistas –en particular la primera– como por el alto grado de formalización que las dos alcanzan en la presentación y la argumentación de sus proposiciones.

Por otra parte, el campo de análisis de cada una de ellas también se encuentra delimitado con precisión. La primera estudia la determinación simultánea de los precios y de las cantidades intercambiables que compatibilizan los planes de los agentes. Para ello supone que la única información que recibe cada individuo es el sistema de precios, y también que las decisiones tomadas por cada agente representan una fracción muy pequeña del volumen de transacciones en cada mercado por lo cual no afectan a dicho sistema.

A su vez, la segunda teoría estudia las relaciones entre los precios y la distribución del ingreso, considerando fijas las cantidades producidas. Se puede decir también que analiza dichas relaciones cuando las proporciones de los diferentes factores que participan en la producción se suponen fijas.

Como es sabido, el resultado más importante de la teoría neoclásica consiste en la demostración de la existencia del equilibrio general establecida por K. Arrow y G. Debreu en 1954, a la que consideran satisfactoria la mayoría de los especialistas en el tema.

Podemos decir que en la medida en que el modelo de referencia de estos autores constituye una representación –aunque muy idealizada– de la realidad, el resultado aclara un aspecto importante de la economía capitalista.

En efecto, demuestra la posibilidad de que una economía en libre competencia llegue a una situación en la que los planes escogidos por los agentes sean complementarios, aun cuando hayan sido escogidos, en buena medida –véase más adelante– en forma independiente los unos de los otros.

Por su parte, la teoría de los precios de producción permite conocer las relaciones entre los precios y las técnicas de producción, en situaciones en que la tasa de ganancia y el precios de cada tipo de bien a lo largo del período de referencia son uniformes.

De esta forma, permite conocer cuáles son los sistemas de precios estables compatibles con una técnica dada y con las diferentes tasas de ganancia posibles, así como las relaciones entre estos precios y la distribución del ingreso.

Por otra parte, en las últimas tres décadas se ha desarrollado la teoría del desequilibrio, que estudia principalmente modelos de economía de propiedad privada –en general sólo de intercambio– a la que se agrega un sistema de racionamiento así como también restricciones a los valores posibles de los precios relativos.

Estos modelos estudian las situaciones de intercambio a las que pueden conducir los mercados cuando se introducen en la representación de su funcionamiento algunas restricciones a la definición de la libre competencia.

En particular, la introducción del sistema de racionamiento tiene, en mi opinión, el interés de representar una forma de condicionamiento recíproco en las decisiones de los diferentes agentes.

A este respecto, conviene señalar que, aun en el modelo de Arrow-Debreu la independencia de las decisiones tomadas por los agentes no es completa.

En efecto, en este modelo los consumidores eligen sus planes de transacciones con base en su restricción presupuestaria. A su vez, el presupuesto de cada consumidor depende del monto de ganancias que le corresponden por su participación en la propiedad de las empresas. Esto implica que las decisiones de los consumidores se toman con posterioridad a las de las empresas, y en función de ellas.

Se han comparado las dos primeras teorías desde diferentes ángulos y se han establecido diferentes grados de compatibilidad entre los modelos de Sraffa y de Marx-Morishima –que se toman como referencia del segundo enfoque– y algunos resultados de la teoría walrasiana.[1]

[1] Véase por ejemplo, A. d'Autume (1988), F.H. Hahn (1982), M. Morishima (1972), J.E. Roemer (1980) y P. Uribe (1991).

Cabe señalar que, pese al interés de estos trabajos, las restricciones de los modelos estudiados dificultan la evaluación de los resultados a los que llegan. Por ejemplo, en algunos de ellos las conclusiones dependen de la presencia de rendimientos constantes a escala, en otros el sistema de precios está determinado en forma unívoca para cada nivel de la tasa de ganancia, lo cual no ocurre en el caso general.

Sin embargo, hasta ahora no se ha publicado ningún trabajo que presente un modelo general para el estudio de los precios de producción. Por otra parte, tampoco se ha explorado la posibilidad de explicar la determinación de las cantidades que se intercambian bajo un sistema de precios de producción, desde la perspectiva de la teoría del desequilibrio.

Ambas carencias dificultan la evaluación de las posibilidades explicativas de la teoría de los precios de producción. Además, dado que la teoría del desequilibrio se puede considerar como un desarrollo de la teoría neoclásica, las mismas carencias impiden explorar un camino viable para la comparación de ambas.

Este libro se propone, en primer lugar, contribuir al estudio de los temas que acabamos de señalar. Con tal propósito se plantea dos objetivos principales: el primero, avanzar en la elaboración de un modelo general de precios de producción, y el segundo, explorar la compatibilidad entre la teoría de los precios de producción y la teoría neoclásica por medio de un modelo de racionamiento.

Al primer objetivo se dedican los cuatro primeros capítulos.

En el capítulo 1 se expone el modelo de referencia. Éste se distingue del de economía de propiedad privada sólo por algunas ligeras diferencias que se mencionan en la introducción del capítulo y se fundamentan en el apéndice I.

En esa sección se señalan varias restricciones innecesarias en la definición de las situaciones viables en el modelo de Arrow-Debreu, así como las modificaciones que permiten superarlas.

En el capítulo 2 se definen los precios de producción y se elabora la representación matemática de las condiciones económicas que deben satisfacer; éstas se estudian detenidamente en los dos capítulos siguientes.

En ellos se analizan las condiciones de existencia de los precios de producción y, entre otros resultados, se llegan a establecer, una condición necesaria y suficiente para ésta, que consiste básicamente en una extensión del resultado de D. Hawkins y H.A. Simon (1949) para el caso de la producción conjunta.

Los tres capítulos siguientes se destinan a explorar la compatibilidad entre la teoría de los precios de producción y la teoría neoclásica.

En el capítulo 5 se presenta el sistema de racionamiento que completa el modelo presentado en el primer capítulo.

El sistema escogido es una variante del sistema de colas presentado por J.P. Benassy (1984) que –entre otras diferencias con el original– asigna un mismo lugar a cada agente en las colas de todos los mercados. Esto tiene como propósito representar el funcionamiento de un sistema de mercados en el que las decisiones de los agentes dependen unas de otras pero, al mismo tiempo, el grado en el que cada agente influye sobre los otros no es igual para todos.

La referencia empírica más inmediata a la que alude este modelo se observa en la interdependencia que se establece a través de los mercados entre las decisiones de una gran empresa y las de un obrero asalariado, que a su vez, coexiste con una gran diferencia en el grado de influencia que cada uno tiene sobre las situaciones de los mercados.

Se puede decir, por lo tanto, que el modelo representa una estructura de interdependencia asimétrica de los agentes, a través de los mercados.

Conviene agregar que esta asimetría se debería estudiar también a través de la influencia de las decisiones individuales en la determinación de los precios, pero no nos ocuparemos de eso en este libro.

Por otra parte, un estudio más detallado consideraría la posibilidad de asignar a cada agente lugares diferentes en las colas de los distintos mercados. Sin embargo, no habremos de abordar aquí esta posibilidad con el propósito de simplificar el análisis.

En el mismo capítulo se presenta una definición de k-equilibrios –tomada también de J.P. Benassy (1984)– adaptada a nuestro modelo. Se puede decir que ésta hace referencia a aquellas situaciones a la vez posibles y deseables para los agentes, dentro de las restricciones que enfrenta cada uno.

En el capítulo 6 se presenta un modelo con tres agentes: una empresa, un consumidor propietario de la empresa y un consumidor asalariado. En relación con esto se lleva a cabo un análisis numérico que permite demostrar la existencia de situaciones no triviales de k-equilibrios con precios de producción.

Lo anterior sirve como ejemplo del resultado general que se establece en el capítulo 7 que consiste en la demostración de la existencia de un k-equilibrio con precios de producción para cada pareja de valores dados para las tasas de ganancia y de interés.

El interés de este resultado reside en que demuestra la existencia de situaciones deseables y posibles para los agentes dentro de las restricciones del modelo en las cuales se adoptan sistemas de precios de producción. Al mismo tiempo, muestra una forma en que la teoría del desequilibrio permite explicar la determinación de las cantidades que se intercambian bajo un sistema de precios de producción.

Por otro parte, en los capítulos 8 y 9 se establecen algunos resultados de estática comparativa, haciendo referencia a una situación de equilibrio con racionamiento y precios de producción.

En el primero de ellos se estudia la distribución del ingreso como función de la tasa de ganancia y se establecen, entre otros resultados, las condiciones en las que se pueden definir los grupos de interés desde un punto de vista macroeconómico. En el último capítulo se analiza cómo inciden los cambios en la productividad física sobre las diferentes variables del modelo.

En el anexo II se abordan las dos proposiciones centrales de la teoría del valor expuestas en P. Sraffa (1960), y se demuestra que son erróneas.

Por último, en las conclusiones se presenta un resumen de los resultados más importantes así como también algunas reflexiones sobre los mismos.

1. PRESENTACIÓN DEL MODELO

En este capítulo se presenta el modelo que se utilizará como referencia en la mayor parte del libro.

Como se verá en seguida, la economía que se estudiará es básicamente la misma que G. Debreu (1959) define como "economía de propiedad privada".

Sin embargo es preciso advertir al lector sobre algunas diferencias. Las primeras consisten en que no hay en nuestro modelo órdenes de preferencias convexos en los conjuntos de consumo y tampoco rendimientos a escala constantes en las empresas.

Hemos excluido estas posibilidades con el fin de simplificar la exposición y también porque al hacerlo no se afecta el grado de generalidad de los resultados, salvo en relación con aquellos que se anotan en el capítulo 7, como se discutirá en su momento.

El otro grupo de diferencias tiene relación con el tratamiento que se da aquí a la representación de las dotaciones iniciales en el espacio de las mercancías. Dichas diferencias se justifican debido a que en el modelo aludido aparecen algunas restricciones innecesarias con respecto a las transacciones que se pueden hacer con estos bienes y con los bienes usados por los consumidores.

La argumentación que sustenta lo anterior es presentada en el anexo I.

Más adelante, en el capítulo 5, se añade al modelo un sistema de racionamiento.

1.1. LAS MERCANCÍAS

El modelo que se estudiará está integrado por un número[1] B de agentes económicos, a cada uno de los cuales corresponde un índi-

[1] Todos los parámetros del modelo serán cantidades finitas.

ce particular b, de tal forma que b = 1,2,…,B. Los primeros m índices corresponden a las empresas –o productores– y los restantes a los consumidores. Supondremos que $1 \leq m < B$.

La pertenencia de un agente a uno de los dos tipos posibles depende del criterio que utiliza en todas sus decisiones económicas: las empresas deciden en función de la ganancia y los consumidores lo hacen en función de la utilidad, según modalidades que se indican en el capítulo 5.

Las mercancías –o los bienes– se caracterizan por ser el objeto de intercambios voluntarios e impersonales entre los agentes. Hablaremos de ellas en sentido genérico y diremos "x unidades de la mercancía j" para referirnos a una cantidad particular del bien j.

Por otra parte, las cantidades de bienes serán medidas utilizando un mismo conjunto de bienes, escogido arbitrariamente, para cada bien. En el caso particular del trabajo, se usará la misma unidad de tiempo para todos los tipos.

Se utilizarán tres clasificaciones de los bienes, según los siguientes criterios: a] físico, b] espacial y c] temporal. A continuación presentamos una descripción de estos criterios (véase también G. Debreu, 1959).

a] Desde el punto de vista físico, un bien pertenecerá a una sola de las categorías siguientes: objetos, trabajos y servicios.

Los objetos se distinguen por ser susceptibles de una descripción completa, a partir exclusivamente, de sus propiedades materiales; los trabajos por ser un tipo particular de actividad humana, y los servicios, por el hecho de que consisten en el usufructo de una combinación de objetos y de trabajos.

De esta manera, un autobús de un modelo particular con cierto grado de uso pertenece a la primera categoría; el trabajo del conductor del autobús pertenece a la segunda, y un viaje en autobús entre dos puntos específicos, a la tercera.

b] Se partirá del supuesto de que el espacio geográfico de referencia está dividido en un número C de secciones, lo suficientemente pequeñas como para que la entrega de un bien en un punto de una sección sea equivalente a su entrega en cualquier otro punto de la misma para todos los agentes. Asignamos un índice particular c a cada sección, de tal manera que c = 1,2,…,C.

Según este criterio, dos bienes serán distintos si sus lugares de entrega están en dos secciones diferentes.

c] Se llamará año al período de referencia. Este período estará dividido en un número T de intervalos de igual duración. Cada uno de ellos será lo suficientemente breve como para que cualquier par de instantes pertenecientes al mismo intervalo sean equivalentes desde el punto de vista de los intercambios para todos los agentes. Se define T+1 fechas sucesivas, escogiendo el principio de cada intervalo y el final del último; a cada una se le asigna un índice particular t de tal manera que t = 0,1,2,...,T.

La fecha de entrega t corresponderá a todas las mercancías que se entreguen dentro del intervalo temporal [t,t+1[para cada t < T y esta última corresponderá solamente a aquellas que se entreguen al final del período.

Según este criterio, dos bienes serán diferentes si sus fechas de entrega son distintas.

Para establecer la primera clasificación de los bienes, se considera sólo el primer criterio. Se supone que, de acuerdo con él, hay un número G de bienes a cada uno de los cuales corresponde un índice g, de tal manera que g = 1,2,...,G.

La segunda clasificación se establece utilizando los dos primeros criterios. Por lo tanto, distingue un número de bienes que es igual al número de bienes de la primera clasificación multiplicado por el número de secciones de entrega posibles. Sea J este número.

Se distinguirán dos tipos de bienes dentro de esta clasificación: se llamará "producido" a un bien que sea ofrecido por lo menos por una empresa en alguno de sus planes (véase más adelante) sin que su demanda corresponda a una cantidad superior o igual en ese plan, y "no producido" a un bien que no está en ese caso.

Con relación a lo anterior se supondrá que la división espacial es lo suficientemente fina como para distinguir entre dos objetos que, perteneciendo al mismo tipo de la primera clasificación, se distinguen por ser uno natural y el otro, el resultado de un proceso de producción. Dentro de los bienes no producidos se cuentan todos los tipos de trabajo y también, según el caso, algunos tipos de tierras y de materias primas.

A cada bien de la segunda clasificación corresponderá un índice particular que se representará mediante las letras k o j de tal manera que k, j = 1,2,…,J. Se asignarán los n primeros índices a los bienes producidos, los restantes J – n a los no producidos y se supondrá que $1 \leq n < J$.

La tercera clasificación toma en consideración los tres criterios señalados. Por lo tanto, el número de bienes que distingue (H) es igual al número de bienes de la segunda clasificación multiplicado por el número de fechas de entrega posibles. A cada bien de esta clasificación corresponde un índice particular h, de tal manera que h = 1,2,…, H.

Se utilizará la notación w_{bh} para representar la dotación inicial del bien h correspondiente al agente b. Ésta consiste en la cantidad de dicho bien de la que puede disponer libremente el agente y, en el caso de los diferentes tipos de trabajo, en la cantidad máxima que él puede realizar en la fecha y el lugar correspondientes.

Se adoptarán los dos supuestos siguientes con respecto a las dotaciones iniciales:

H.1. La dotación inicial de cada bien es finita.

H.2. Al principio del período, la totalidad de las dotaciones iniciales se encuentra en poder de los consumidores.

1.2. CONJUNTOS DE OFERTAS Y DE DEMANDAS

Cada plan de intercambios comerciales de cada uno de los agentes se representará por medio de un vector $z_b = (z_{b1}, z_{b2}, \ldots, z_{bH})$, en donde las cantidades positivas indican ofertas y las negativas demandas en el caso de las empresas; en el caso de los consumidores, rige la convención inversa. Nos referiremos a z_b indistintamente como "plan de ofertas" o "plan de intercambios" si $b \leq m$ y se utilizará también esta última expresión o "plan de demandas", si $b > m$.

Se considerará que un plan de transacciones es técnicamente posible para un agente si él cree que puede realizarlo sin tomar en cuenta sus dotaciones iniciales y sin que le impongan restricciones ni el sistema de precios ni los planes de los otros agentes. Se adoptarán las tres hipótesis siguientes con respecto a estos planes:

H.3. La inactividad es posible para cada agente.

Esto significa que el origen de R^H (θ) representa un plan técnicamente posible para cada agente.

H.4. Si z_b es técnicamente posible, y en el plan $\bar{z}_b$ se demanda una cantidad superior o igual y/o se ofrece una cantidad inferior o igual que en z_b de cada uno de los bienes, entonces $\bar{z}_b$ también lo es.

De esta manera, dentro de un plan de este tipo las demandas pueden tener cualquier magnitud, mientras que los bienes ofrecidos deberán satisfacer la restricción siguiente:

H.5. Si en un plan técnicamente posible hay una oferta no nula de algún bien entonces también hay una demanda no nula de al menos:

a] Un bien producido cuya fecha de entrega es anterior a la del bien ofrecido, y también otra de un bien no producido si el plan pertenece a un productor
b] Un bien cuya fecha de entrega es anterior a la del bien ofrecido si el plan corresponde a un consumidor.

Sea $\bar{Z}_b$ el conjunto de todos los planes de transacciones posibles para el agente b. Puesto que las empresas carecen de dotaciones iniciales para ellas, este conjunto se identifica con el de sus planes técnicamente posibles. Sin embargo, en el caso de los consumidores existe una diferencia que habremos de señalar en seguida:

Sea z_b' un plan técnicamente posible para el consumidor b, Z_b' el conjunto de todos estos planes y $w_b = (w_{b1}, w_{b2}, \ldots, w_{bH})$ el vector que contiene sus dotaciones iniciales.

Las ofertas que el consumidor b puede hacer con sus dotaciones iniciales distintas del trabajo, en fechas posteriores a la que cada una tiene en w_b, están contempladas en la definición de los planes técnicamente posibles, previa demanda de las mismas.

Por su parte, las ofertas que él puede hacer con las mismas dotaciones en las fechas con las que aparecen en w_b, así como las que puede hacer con su capacidad de trabajo, están contenidas en el conjunto:

$$W_b = \left\{ w_b \in R^H \mid 0 \geq w_{bh} \geq -w_{bh} \ \forall \, h \text{ y } \sum_{h \in L} w_{bh} \geq -L_b \right\}$$

Aquí, L es el conjunto de todos los índices de la tercera clasificación que corresponden a los diferentes tipos de trabajo y la notación bajo la sumatoria indica que se debe considerar sólo a esos índices. Por otra parte, L_b es la cantidad máxima de trabajo (todos los tipos incluidos) que puede llevar a cabo el agente b a lo largo del período.

Para llevar a cabo un plan técnicamente posible z_b' el agente b formula un plan de transacciones z_b ofreciendo en los mercados los recursos iniciales que le sobran y demandando los que le hacen falta. De esta manera, cualquier plan de transacciones de un consumidor se puede expresar mediante una fórmula de tipo $z_b = z_b' + w_b$ en donde $w_b \in W_b$ y, por lo tanto, se verifica que $\bar{Z}_b = Z_b' + W_b$.

De acuerdo con las definiciones anteriores, se infiere que los conjuntos $\bar{Z}_b$ verifican las tres propiedades señaladas más arriba para los planes técnicamente posibles si $b \leq m$ y al menos las dos primeras si $b > m$. Además de éstas, se supondrá que los conjuntos $\bar{Z}_b$ satisfacen también las dos hipótesis siguientes:

H.6. $\bar{Z}_b$ es un conjunto convexo.

Esto significa que, dados dos planes cualesquiera z_b y $\bar{z}_b$ pertenecientes a $\bar{Z}_b$, el plan determinado por la suma $tz_b + (1-t)\bar{z}_b$ también está en $\bar{Z}_b$ para todo $t \in \,]0,1[$. La convexidad implica el supuesto de que todos los bienes y todos los planes de transacciones son perfectamente divisibles.

H.7. $\bar{Z}_b$ es un conjunto cerrado.

Esto significa que si una sucesión convergente z_b^q tiene el término q en $\bar{Z}_b$ para todo q ∈ N, entonces también el límite de la sucesión está en $\bar{Z}_b$.

Por último, se adoptan seis supuestos más, el primero de los cuales se refiere exclusivamente a las empresas, y los restantes sólo a los consumidores:

H.8. Si dos puntos diferentes pertenecen a la frontera de $\bar{Z}_b$ entonces todas sus combinaciones convexas pertenecen al interior de $\bar{Z}_b$.

Esto significa que las fronteras de los conjuntos de producciones posibles no contienen ningún segmento de recta, e implica la presencia de rendimientos decrecientes a escala.[2]

H.9. Dados dos planes de demanda cualquiera z_b y $\bar{z}_b$ en Z_b, al menos una de las dos proposiciones siguientes de verifica:

a] $z_b \circledleq \bar{z}_b$ que significa "z_b no es preferido a $\bar{z}_b$"
b] $\bar{z}_b \circledleq z_b$ que significa "$\bar{z}_b$ no es preferido a z_b"

Si las dos proposiciones se cumplen diremos que los dos planes son equivalentes para el agente b y escribiremos $z_b \circleddash\!\!= \bar{z}_b$. Si por el contrario, sólo una de las dos se cumple diremos que uno de los planes es preferido al otro y escribiremos $\bar{z}_b \circledgtr z_b$ "$\bar{z}_b$ es preferido a z_b", si b] no se cumple. O bien, $z_b \circledgtr \bar{z}_b$ "z_b es preferido a $\bar{z}_b$", si a] no se cumple.

Se supone que la relación $\circledleq$ es transitiva lo cual, junto con lo ya señalado, define a esta relación como un preorden completo sobre $\bar{Z}_b$.

H.10. La relación de preferencia es estrictamente convexa.

Esto significa que dados dos planes z_b y $\bar{z}_b$ en $\bar{Z}_b$, tales que $z_b \circleddash\!\!= \bar{z}_b$ entonces $tz_b + (1-t)\bar{z}_b \circledgtr \bar{z}_b \ \forall \ t \in \,]0,1[$.

[2] Véase A. Takayama (1987).

H.11. Todos los bienes son deseados.

De acuerdo con esta hipótesis, ante dos planes z_b y $\bar{z}_b$ tales que $z_b \leq \bar{z}_b$ y $z_b \neq \bar{z}_b$ entonces se verifica que $\bar{z}_b \circledcirc\!\!> z_b$. Por otra parte, esta hipótesis junto con la hipótesis 4, implica que $\forall\ z_b \in \bar{Z}_b$ existe $\bar{z}_b \in \bar{Z}_b$ tal que $\bar{z}_b \circledcirc\!\!> z_b$.

Se define una función de utilidad del agente b como una transformación U_b: $\bar{Z}_b$ –>R, que asocia a cada z_b un número real, de acuerdo con las reglas siguientes.

Sean z_b y z_b' en $\bar{Z}_b$:

a] $U_b\ (z_b) < U_b\ (z_b') \Leftrightarrow z_b \circledcirc\!\!< z_b'$

b] $U_b(z_b) = U_b\ (z_b') \Leftrightarrow z_b \circledcirc\!\!= z_b'$

En G. Debreu (1959) se demuestra que las propiedades indicadas hasta aquí con relación a $\bar{Z}_b$ son suficientes (aunque no todas son necesarias) para que exista una función de utilidad para cada consumidor. Dicha función es continua y creciente sobre $\bar{Z}_b$.

H.12. Existe $\tilde{z}_b \in \bar{Z}_b$ tal que $\tilde{z}_{bh} < 0\ \forall$ h.

Es decir, $\bar{Z}_b$ incluye un plan en el que hay una oferta no nula de cada bien y ninguna compra.

H.13. Las empresas pertenecen en su totalidad a los consumidores.

A este respecto, para cada pareja (b,$\bar{b}$), donde b > m y $\bar{b} \leq$ m se define $\gamma_{b\bar{b}}$ como la fracción de la ganancia de la empresa $\bar{b}$ que corresponde al consumidor b. Por lo tanto, $\sum_{b=m+1}^{B} \gamma_{b\bar{b}} = 1\ \forall\ \bar{b}$.

Sea z = (z_1,z_2,...,z_B) un vector formado por una colección de B planes, cada uno de los cuales corresponde a un agente diferente. Se dice que z es posible desde el punto de vista de los recursos iniciales si se verifica que

$$\sum_{b=1}^{m} z_{bh} - \sum_{b=m+1}^{B} z_{bh} \geq 0 \; \forall \, h.$$

Es decir, z es posible si todas las demandas pueden ser satisfechas.

Las hipótesis adoptadas permiten verificar el resultado siguiente: considerando los recursos disponibles, para cada bien existe una mínima cota superior finita (N_h) para las cantidades que el conjunto de los agentes puede ofrecer (véase el anexo I y el apéndice A.1).

Sea $B = \{ z \in R^H \mid |z_h| \leq N_h \; \forall \, h \}$. De acuerdo con lo anterior, el conjunto de todos los planes que la empresa b puede llevar a cabo está contenido en el conjunto $Z_b = \bar{Z}_b \cap B$, el cual es compacto y convexo.

Por otra parte, se utilizará la notación $p = (p_1, p_2, \ldots, p_H)$ para representar un sistema de precios actualizados al principio del período. Los sistemas de precios posibles estarán acotados y se considerarán solamente precios superiores a cero, lo cual, unido a lo que se indica en el párrafo precedente, implica la existencia de una cota superior finita para las demandas de cualquier bien, que pueden ser financiadas con los recursos del sistema.

En efecto, sean p_a y p_b respectivamente los precios más grande y más chico; la demanda más grande que puede ser financiada dentro del sistema es inferior o igual a $S = \sum_h N_h p_a / p_b$. De esta forma, para cada consumidor existe un conjunto $Z_b = \bar{Z}_b \cap \{ z \in R^H \mid |z_h| \leq S \; \forall \, h \}$ el cual contiene todos sus planes, que son compatibles con las dotaciones iniciales y con los precios. Conviene agregar que se trata de un conjunto compacto y convexo.

En lo sucesivo z representará una colección formada por B planes pertenecientes a los conjuntos Z_b, uno por cada conjunto, y Z al conjunto de todas estas colecciones, es decir $Z = Z_1 \times Z_2 \times \ldots \times Z_B$.

2. LOS PRECIOS DE PRODUCCIÓN

En este capítulo se presentarán las definiciones de rama industrial, precios de producción, ecuaciones de producción y grupos de bienes a las que se aludirá a lo largo de este libro.

Al mismo tiempo, se establecerán las condiciones matemáticas que tienen que satisfacer los precios de producción para luego proceder a estudiar, en los dos capítulos siguientes, las condiciones de existencia de estos precios.

Conviene observar que las definiciones que se establecerán son independientes de la presencia de rendimientos constantes a escala en el modelo, por lo cual, los resultados también lo son.

Finalmente, es importante señalar que se hablará de los bienes de acuerdo con la segunda clasificación, salvo cuando se indique otra cosa.

2.1. DEFINICIÓN DE LOS PRECIOS DE PRODUCCIÓN

Se llamará rama empresarial –o simplemente rama– a un conjunto de empresas caracterizado por la condición de que dos empresas pertenecen a él si y sólo si existe al menos un bien del cual haya al menos una oferta no nula en los dos conjuntos de ofertas respectivos.

De esta definición se infiere que cada empresa pertenece a una sola rama y también que cada mercancía es ofrecida por empresas que pertenecen a la misma rama. Puesto que cada empresa puede ofrecer varios bienes, el número de ramas es inferior o igual al número de bienes producidos.

Sea V el número de ramas, según lo anterior $1 \leq V \leq n$. Se asigna a cada rama un índice particular v de tal manera que $v = 1,2,...,V$. Por otra parte, se representará con las notaciones $\overline{v}$ y $\tilde{v}$ respectivamente, el número de empresas y el número de bienes ofrecido por las empresas pertenecientes a la rama v. Finalmente, sean $C\overline{v} = (b_1,b_2,...,b\overline{v})$ y $C\tilde{v}=(k_1,k_2,...,k\tilde{v})$ respectivamente, los conjuntos de índices correspondientes a estas empresas y a estos bienes.

Un sistema de precios de producción se caracteriza por los elementos siguientes:

a] El precio de cada bien es superior a cero.

b] El precio de contado de cada bien es constante a lo largo del período.

c] La tasa de ganancia en cada rama (considerando al conjunto de empresas que la forman) es la misma para todas las ramas.

2.2. DEFINICIÓN DE ECUACIÓN DE PRODUCCIÓN

Se llamará ecuación de producción a una fórmula en la que se expresa el valor de las ventas de un conjunto de empresas, en función del monto de su inversión y de su tasa de ganancia.

Se representará con r la tasa anual de ganancia con capitalización continua y se hará uso frecuente de las fórmulas de tipo $e^{r(1-t/T)}$ que permiten calcular el valor capitalizado, al final del año, de una inversión realizada en la fecha t.[1] Para simplificar la notación se escribirá esta función bajo la forma e_t, de esta manera, el valor capitalizado al final del año de una inversión de K_t unidades de valor realizada en la fecha t será igual a $K_t e_t$. Esta suma se designará simplemente como "el valor capitalizado de K_t".

Se establecerá una expresión general para las ecuaciones de producción bajo el supuesto siguiente:

H.14. Al finalizar el período, los bienes que permanecen en poder de las empresas carecen de valor.

[1] Utilizamos la capitalización continua siguiendo el uso introducido por J. M. Keynes (1936) en la definición del costo de producción en el apéndice al capítulo VI de su libro, ya que facilita la exposición. Conviene agregar que su sustitución con una fórmula de capitalización periódica no afecta los resultados, como se verá en los ejemplos numéricos en los cuales, para facilitar los cálculos, usamos la capitalización simple.

Se puede interpretar esta hipótesis de dos maneras alternativas:

a] Puesto que el horizonte temporal es limitado, los bienes que quedan en poder de las empresas al terminar el período carecen de valor para los agentes debido a que no podrán servirse de ellos dentro de su período de referencia.

b] Si se define la ganancia como la diferencia entre las compras y las ventas, el valor de los bienes que poseen las empresas al finalizar el período no afecta a los elementos que intervienen en la definición de los precios de producción.

Supongamos que un conjunto de empresas realizan todas sus ventas, cuyo volumen es V_T unidades de valor, al final del período. Para cada fecha t sea K_t el volumen de las compras realizadas por estas empresas. Bajo el supuesto de la hipótesis 14 se debe verificar la ecuación:

[2.2.1.] $$\sum_t K_t e_t = V_T$$

Esta ecuación establece la igualdad entre el monto de la inversión $(\sum_t K_t)$ más la ganancia $(\sum_t K_t\,(e_t - 1))$ y el valor de la producción (V_T) para cada nivel dado de r.

Sin embargo, podría ocurrir que además de la producción vendida al final del año, las empresas realicen la venta de bienes con valor de V_t unidades de valor en la fecha t. Como consecuencia de esto, una parte del capital invertido, igual a V_t, sale de la inversión en esa fecha. Por lo tanto, se debe restar al lado izquierdo de [2.2.1]. V_t unidades de valor así como también las ganancias correspondientes a este capital a partir de la fecha t. De esta manera, si se consideran los volúmenes de venta posibles en cada fecha del año (t < T) se debe escribir la ecuación [2.2.1.] bajo la forma:

$$\sum_t K_t e_t - \sum_t^{t \neq T} V_t e_t = V_T$$

$\Rightarrow$

[2.2.2.] $$\sum_t K_t e_t = \sum_t V_t e_t$$

Esta última ecuación indica que el valor capitalizado de las inversiones es igual al valor capitalizado de las ventas. Dado que en ella se consideran todos los ingresos y todos los gastos del conjunto de empresas de referencia, se puede considerar esta fórmula como una expresión general para las ecuaciones de producción, tomando en cuenta los supuestos adoptados.

Sin embargo, conviene agregar que [2.2.2.] puede ser la ecuación de producción de una rama, en un modelo en el que las hipótesis 2 y 14 no sean retenidas. Para esto es suficiente con que las cantidades de cada bien poseídas por las empresas al principio y al final del período se agreguen respectivamente a las funciones K_0e_0 y V_T correspondientes.

2.3. ECUACIONES DE PRODUCCIÓN DE LAS RAMAS

En esta sección se introducirán varias fórmulas que permiten expresar el monto de las transacciones de cada rama en función del sistema de precios. En seguida se asignará una ecuación de producción a cada rama.

Para cada conjunto $(t,v,j) \in \{ (0,1,2,...,T) \times (1,2,...,V) \times (1,2,...,J)\}$ sean $I_{t,v,j}$:Z–>R y $O_{t,v,j}$:Z–>R las funciones definidas para cada z mediante las siguientes reglas:

$$I_{t,v,j} = -\sum_{b \in C\overline{v}} \text{mín}\,(0, z_{bh})$$

$$O_{t,v,j} = \sum_{b \in C\overline{v}} \text{máx}\,(0, z_{bh})$$

En ellas h es el índice que corresponde al bien j entregado en la fecha t, y la notación bajo la sumatoria indica que ésta debe tomar en cuenta, para cada v, sólo los valores de b contenidos en $C\overline{v}$.

Estas funciones indican, respectivamente, el número de unidades del bien j que las empresas de la rama v demandan y ofrecen en la fecha t.

Para cada $j \leq J$ sea p_j el precio de contado de una unidad del bien j. De esta forma, si se llevaran a cabo las transacciones indicadas en el vector z con un sistema de precios dado, el valor de las compras efectuadas por las empresas de la rama v en la fecha t sería igual a $\sum_j I_{t,v,j} p_j$ mientras que el de sus ventas sería $\sum_j O_{t,v,j} p_j$.

En consecuencia, cada una una de las ramas obtendrá una tasa de ganancia dada si y solamente si se verifica el sistema de ecuaciones siguiente:

$$[2.3.1] \quad \sum_t \sum_j I_{t,v,j} p_j e_t = \sum_t \sum_j O_{t,v,j} p_j e_t \quad v = 1, 2, \ldots, V$$

En este caso diremos que $p = (p_1, p_2, \ldots, p_J)$ es un sistema de precios de producción para z.

Si se considera una cota superior $\bar{p}_j$ y otra inferior $\underline{p}_j$, ambas superiores a cero, para los valores que puede alcanzar el precio de cada uno de los bienes de la segunda clasificación y se adopta una unidad del bien 1 como su unidad de medida, el conjunto de todos los sistemas de precios posibles será:

$$P = \{p \in R^J \mid p_1 = 1 \text{ y } \underline{p}_j \leq p_j \leq \bar{p}_j \; \forall j > 1\}.$$

Sea α: $P \times Z \to R^+$ la función que asocia a cada pareja (p,z) el número determinado, para cada r dado, por la siguiente fórmula:

$$[2.3.2] \quad \alpha(p, z) = \sum_v \left| \sum_t \sum_j I_{t,v,j} p_j e_t - \sum_t \sum_j O_{t,v,j} p_j e_t \right|$$

Esta función es continua sobre $P \times Z$, ya que es igual al valor absoluto de una suma de funciones continuas definidas sobre este conjunto. Según las definiciones precedentes, p es un sistema de precios de producción para z y para el nivel dado de r, si y solamente si $\alpha(p,z) = 0$.

En los dos capítulos siguientes se definirán las condiciones que debe tener un configuración de ofertas y demandas z para que exista al menos un $p > 0$ que satisfaga el sistema [2.3.1.] correspondiente.

2.4. RELACIONES DE PRODUCCIÓN ENTRE LOS BIENES PRODUCIDOS

Con el propósito de facilitar el estudio de algunos aspectos de la determinación de los precios y también de los sistemas homotéticos (véase el apéndice D.1), se introducirán a continuación algunas definiciones necesarias para clasificar los bienes producidos en función de su participación en la producción.

Con esta finalidad, en esta sección supondremos que en cada rama industrial se produce un solo tipo de bien, situación conocida como producción simple. Se verá más adelante, en el capítulo 4, que los análisis que llevaremos a cabo bajo este supuesto serán útiles también para el estudio del caso general.

De acuerdo con las definiciones, en la producción simple cada rama produce un solo tipo de bien y, a su vez, cada bien es producido por una sola rama. En consecuencia, en este caso se puede asignar a cada rama el índice correspondiente al bien que produce.

De esta forma, sustituyendo en cada ecuación de tipo [2.3.1.] el índice v por el índice k del bien que produce, se pueden escribir estas ecuaciones bajo la forma:

[2.4.1] $$\sum_t \sum_j I_{t.k.j}\, p_j\, e_t = \sum_t O_{t,k,k}\, p_k\, e_t \qquad k = 1, 2, \ldots, n$$

Si se admite que de cada bien se produce una cantidad superior a cero, se puede dividir cada ecuación por el coeficiente del precio que aparece en el lado derecho de cada una. Esto permite escribirlas bajo la siguiente forma:

[2.4.2] $$p_k = \sum_j a_{kj}\, p_j \qquad k=1,2,\ldots,n$$

En donde, para cada k:

$$a_{kj} = \sum_t I_{t,k,j}\, e_t \,/ \sum_t O_{t,k,k}\, e_t \qquad j = 1, 2, \ldots, J$$

Cuando r = 0, estas funciones determinan, para cada pareja (k,j), la cantidad del bien j utilizada directamente en la producción de una unidad del bien k. De la hipótesis 5, se infiere que para cada k se verifica que $a_{kj} > 0$ para al menos un j menor o igual que n y también para al menos un j superior a n.

Por otra parte, se dirá que el bien j participa de manera directa en la producción del bien k sólo si $a_{kj} > 0$, y diremos que participa en ella indirectamente sólo si existe un conjunto de bienes (j1,j2,...,jt) donde j1 $\neq$ k y t $\geq$ 1 para los cuales se verifica $a_{k,j1}a_{j1,j2}\ldots a_{jt,j} > 0$.

Obsérvese que estas relaciones entre los bienes pueden variar de un vector z a otro, puesto que dependen de las técnicas de producción utilizadas.

Para simplificar la exposición, se utilizará la expresión "participar en la producción de" para indicar una participación que puede ser directa y/o indirecta.

Se llamará clase a un conjunto de bienes definidos por las siguientes características:

a] Cada bien participa en la producción de todos los bienes del conjunto.
b] Dos bienes tales que cada uno participa en la producción del otro pertenecen a la misma clase.

Por lo tanto, una condición necesaria y suficiente para que haya al menos una clase es que por lo menos uno de los bienes participe en su propia producción, lo cual a su vez se infiere de la hipótesis 5. En efecto, una condición suficiente para que un bien participe en su propia producción es que en la producción de cada bien participe al menos un bien producido.[2]

En un vector z dado puede haber varias clases. Por ejemplo, si hay en z dos bienes que participan cada uno en su propia producción sin que uno de ellos participe en la del otro, en cuyo caso habrá al menos dos clases en el sistema de producción.

Al lado de los bienes que integran las clases puede haber otros bienes producidos que no participan directa ni indirectamente en su pro-

[2] En este caso podemos formar una colección de n+1 índices j1,j2,...,j(n+1) de bienes producidos, en donde cada bien (a partir del segundo) participa en la producción del bien cuyo índice se encuentra a la izquierda del suyo. Puesto que al menos un índice se repite, el bien correspondiente participa en su propia producción.

pia producción, a los que se llamará independientes. Por otra parte, se llamará indistintamente grupo a un bien de este tipo o a una clase.

No es difícil darse cuenta que dos grupos distintos no poseen ningún bien en común. Por otra parte, si *a* y *b* son dos grupos diferentes tales que *a* participa en la producción de *b*, entonces este último no participa en la producción de *a*. En efecto, de las definiciones precedentes se infiere que si dos grupos participan uno en la producción del otro tienen al menos un bien en común, lo cual haría de ellos un mismo grupo.

Sea S el número de grupos presentes en un vector z dado. Se asocia a cada uno de ellos, en particular uno de los primeros S enteros, con la sola restricción de que el índice asignado a cada grupo sea superior al de todos los grupos que participan en su producción. Esta asignación es única salvo por el orden de sucesión correspondiente a dos grupos, tales que ninguno de ellos participe en la producción del otro.

De lo anterior, se infiere que los coeficientes a_{kj} en los que j pertenece a un grupo cuyo índice es superior al del grupo al que pertenece k, son iguales a cero. Por esta razón, se puede escribir el sistema formado por las n ecuaciones de tipo [2.4.2.] bajo la forma siguiente:

$$[2.4.3.] \qquad p_k = \sum_{j \in C_k} a_{kj} p_j + \sum_{j \in H_k} a_{kj} p_j \qquad (k=1,2,\ldots,n)$$

Aquí, para cada k, C_k es el conjunto de los índices de los bienes del grupo al que pertenece k, mientras que H_k contiene al conjunto de los índices pertenecientes a los grupos que preceden al del bien k y los que corresponden a los bienes no producidos.

Conviene señalar que, de acuerdo con las definiciones presentadas, para cada k perteneciente a una clase el conjunto C_k contiene los índices de todos los bienes a través de los cuales el bien k participa en su propia producción mientras que, para cada k, H_k contiene aquellos correspondientes a los bienes que participan en la producción de k sin que éste participe en la producción de ellos.

3. LOS PRECIOS DE PRODUCCIÓN EN LA PRODUCCIÓN SIMPLE

El propósito de este capítulo es el estudio de los precios de producción en el caso de la producción simple, es decir, en aquellos sistemas en los que cada rama produce un solo bien.

En la primera sección se presentarán algunas consideraciones sobre la definición de la cantidad total con la que un bien participa en su propia producción.

Con base en ello y en lo establecido en la sección 2.4., se procederá en las dos secciones siguientes a determinar la magnitud de esta participación, lo cual tiene interés para establecer una condición necesaria y suficiente para la existencia de los precios de producción.

El resultado será equivalente al que presentaron P. Hawkins y H. Simon (1949) con relación a una problemática muy cercana a la nuestra.

La razón por la cual recurrimos a un método diferente –bastante más largo que el que siguieron los autores citados– es que éste resulta más ilustrativo sobre aspectos poco explorados de la determinación de los precios.

Por otra parte, el procedimiento utilizado constituye una generalización del método de análisis introducido en P. Sraffa (1960) bajo la definición de "reducción a cantidades de trabajo fechadas", por lo cual en la sección 3, se desarrollará una formalización completa del mismo.

Como una introducción, destinada a facilitar la comprensión de esta última, en la segunda sección se estudia un caso muy sencillo en el que se establece la relación entre el precio de un bien y el total de las cantidades del mismo bien que participan en su producción.

Finalmente, en las secciones 4 y 5 se establecen las condiciones de existencia y también algunas propiedades de los precios de producción.

3.1. DEFINICIONES TÉCNICA E "HISTÓRICA" DE LAS CANTIDADES DE INSUMOS NECESARIAS PARA PRODUCIR UN BIEN

Dado un bien k producido cualquiera definimos la cantidad total de ese bien que es utilizada en la producción de una unidad del mismo bien como la suma de la cantidad de k que participa directamente más aquellas que participan indirectamente, a través de bienes distintos de k, en la producción de una unidad de ese bien.

De acuerdo con esta definición se excluye de la suma referida aquellas formas de participación indirecta en las que el conjunto de índices j1,j2,…,jt correspondiente incluye al bien k (véase la sección 2.4.). También aquellas que se pueden establecer sustituyendo, en la ecuación de producción de k, el precio de este bien por su costo de producción (véase las secciones siguientes).

Las razones de estas exclusiones son, por una parte, que los costos de las cantidades involucradas ya están incluidos en el de las cantidades del bien k a través de las cuales participan en la producción. Por otra parte, la sustitución señalada disminuye la cantidad de k de la cual depende el precio de este bien, como se verá en las secciones siguientes.

Cabe agregar que en la definición que hemos presentado la cantidad indicada depende exclusivamente de las técnicas de producción que se utilicen en el período de referencia, tal y como éstas se expresan en las ecuaciones de producción. Por lo tanto, puede ser calculada sin hacer referencia a los períodos o fases de la producción precedentes.

Por otra parte, cuando se omiten las restricciones indicadas en los párrafos anteriores es posible elaborar definiciones alternativas para el mismo concepto.

En efecto, los bienes producidos que se utilizaron directamente en la elaboración de k (incluyendo aquí al bien k) fueron el resultado de un proceso de producción previo en el cual se pudo haber utilizado también una cierta cantidad de k. A su vez, los bienes producidos que se consumieron en este último proceso de producción (incluyendo a k) fueron elaborados con base en un consumo previo de algunos insumos, entre los que pudiera contarse k, y así sucesivamente.

Tomando en cuenta lo anterior, podemos definir la cantidad total del bien k utilizada en la producción de una unidad de ese bien como la suma de todas las cantidades de k que se utilizaron directamente en cada una de las fases de la producción de una unidad del mismo bien.

Para distinguir las dos definiciones llamaremos técnica a la primera e "histórica" a la segunda.

A continuación ilustraremos estos conceptos con un ejemplo muy sencillo. Consideremos el siguiente sistema de ecuaciones de producción:

Sistema [3.1.1.]

$$a_{11}p_1(1 + r) + l_1 = p_1$$

En la economía de referencia se produce una unidad del bien 1 utilizando a_{11} unidades del mismo bien y l_1 unidades de trabajo. Este último es pagado al final de la producción y r es la tasa de ganancia con capitalización simple que corresponde al período que dura la producción.

Puesto que hay un solo bien producido, éste no puede participar indirectamente en su propia producción a través de otros bienes. En consecuencia, la cantidad del bien 1 necesaria para la producción del mismo bien es, según la definición técnica, igual a a_{11}.

Sin embargo, si consideramos las diferentes fases de la producción debemos admitir que en la segunda fase (contanto a partir de la más reciente) se requirió de una cierta cantidad del bien 1 para producir las a_{11} unidades del bien 1 utilizadas en la primera fase.

A su vez estas últimas requirieron –para ser producidas– de la utilización de otra cantidad del bien 1 en la tercera fase y así sucesivamente.

Si en todas las fases se utilizó la misma técnica de producción, las ecuaciones de producción de cada una de estas cantidades conforman el sistema siguiente:

Sistema [3.1.2.]

$$(a_{11})^2 p_1(1 + r) + (a_{11})l_1 = a_{11}p_1$$

$$(a_{11})^3 p_1(1 + r) + (a_{11})^2 l_1 = (a_{11})^2 p_1$$
$$(a_{11})^4 p_1(1 + r) + (a_{11})^3 l_1 = (a_{11})^3 p_1$$
$$\vdots \qquad \vdots \qquad \vdots$$

Por lo tanto, la cantidad total del bien 1 utilizada en la producción de una unidad del mismo bien en las T primeras fases de su producción está determinada por la suma $\Sigma_t(a_{11})^t$ en donde t = 1,2,3,… T.

A su vez, el valor de dicha suma se puede establecer mediante la fórmula $a_{11}(a_{11}^T-1)/(a_{11} - 1)$.[1] De esta forma:

$$\lim_{T\to\infty} \sum_t a_{11}^t = a_{11} \left(\lim_{T\to\infty} a_{11}^T - 1\right)/(a_{11} - 1)$$

esta función nos permite calcular la cantidad del bien 1 utilizada históricamente en su propia producción (H_1). En efecto, el límite anterior es un número real siempre que $0 < a_{11} < 1$, lo cual supondremos ya que de otra manera la producción de este bien no sería rentable. En este caso:

$$H_1 = -a_{11}/(a_{11} - 1)$$

En consecuencia, $H_1 > 1$ si $a_{11} > 1/2$, $H_1 = 1$ si $a_{11} = 1/2$ y $H_1 < 1$ si $a_{11} < 1/2$.

Es curioso observar que la cantidad total que se requiere para producir una unidad de un bien pueda ser superior a una unidad aun cuando, considerando una sola fase de producción, la actividad sea productiva.

Podemos verificar, mediante el mismo ejemplo, que el trabajo no escapa a esta posibilidad, a condición de que se acepten las definiciones que se presentan a continuación:

Supondremos que la cantidad del bien 1 suficiente para producir (o

[1] Véase Lisman (1965), p. 20.

si se prefiere para reproducir) la capacidad de trabajo es una fracción ϕ ($0 < \phi < 1$) de cada unidad de ese bien producida en excedente. Por lo tanto, la cantidad del bien 1 necesaria para producir l_1 unidades de trabajo es igual a $\phi\,(1-a_{11})$ unidades.

Representaremos provisionalmente esta cantidad con la notación b, para simplificar la escritura.

Para producir estas b unidades del bien 1 se requirió utilizar una cierta cantidad de trabajo en la segunda fase de la producción, la cual requirió a su vez para ser producida de otra cantidad de trabajo en la tercera fase y así sucesivamente.

Las cantidades de trabajo referidas aparecen como insumos en el siguiente sistema de ecuaciones:

Sistema [3.1.3.]

$$\begin{aligned} b a_{11} p_1 (1 + r) + b l_1 &= b p_1 \\ (b)^2 a_{11} p_1 (1 + r) + (b)^2 l_1 &= (b)^2 p_1 \\ (b)^3 a_{11} p_1 (1 + r) + (b)^3 l_1 &= (b)^3 p_1 \\ \cdot \qquad \cdot \qquad &\cdot \\ \cdot \qquad \cdot \qquad &\cdot \\ \cdot \qquad \cdot \qquad & \end{aligned}$$

Por lo tanto, la cantidad total de trabajo utilizada en la producción de una unidad del mismo bien en las T primeras fases de su producción está determinada por la suma $\Sigma_t (b)^t$.

De acuerdo con lo que se anotó más arriba, el valor de esta suma cuanto T tiende a infinito está determinado por la fórmula:

$$\lim_{T\to\infty} \sum_t b^t = b\left(\lim_{T\to\infty} b^T - 1\right)/(b-1)$$

la que nos permite calcular la cantidad de trabajo utilizada históricamente en la producción de una unidad de trabajo (H_L). En efecto, el límite anterior es un número real siempre que $0 < \phi\,(1 - a_{11}) < 1$ y esto a su vez se infiere de las restricciones que hemos impuesto sobre las fracciones involucradas.

Por lo tanto,

$$H_L = \phi(1 - a_{11})/[\phi(1 - a_{11})-1]$$

Lo cual nos indica que H_L es superior, igual o inferior a una unidad siempre que $\phi(1 - a_{11})$ sea, respectivamente, superior, igual o inferior a un medio.

No es difícil verificar que las restricciones que hemos impuesto a los valores posibles de las fracciones ϕ y a_{11} permiten que haya una pareja de estas fracciones con la que el producto señalado adopta cualquier valor deseado dentro del intervalo]0,1[.

Por lo tanto, la cantidad de trabajo necesaria para producir una unidad de este bien –a lo largo de todas sus fases de la producción– puede ser superior a una unidad.

Este análisis permite distinguir claramente la definición histórica de la que habremos de utilizar en este libro.

Por otra parte, también permite verificar que el procedimiento de "reducción a cantidades de trabajo fechadas" introducido en P. Sraffa (1960) es válido sólo a condición de interpretar dichas cantidades desde el punto de vista técnico pero no desde el punto de vista "histórico".

Finalmente también podemos decir que la tesis presentada en K. Marx (1975) que postula al trabajo como el "único bien que produce una cantidad de valor superior a la que se requiere para producirlo" también sería errónea si se le interpreta desde el punto de vista "histórico".

3.2. EJEMPLO NUMÉRICO DE REDUCCIÓN DE PRECIOS A "CANTIDADES DE BIENES FECHADAS"

Consideremos el sistema de producción caracterizado por las siguientes ecuaciones:

Sistema [3.2.1.]

[a] $$p_1 = (1/4)p_1(1+r) + (1/4)p_2(1+r) + l_1$$

[b] $$p_2 = (1/4)p_1(1+r) + (1/4)p_2(1+r) + l_2$$

En éstas, l_1 y l_2 representan las cantidades de trabajo (o las unidades de salario) utilizadas. Como se puede comprobar fácilmente, la tasa de ganancia que corresponde al nivel cero de salario en este sistema es igual a 1.

Se sustituirá sucesivamente, en la primera ecuación, el precio del bien 2 por su costo de producción, a fin de expresar el precio del bien 1 como función de las cantidades del propio bien 1, utilizadas directamente y en forma indirecta en su producción.

Si se sustituye p_2 en la ecuación [a] por el segundo miembro de la ecuación [b] se obtiene:

$$p_1 = (1/4)p_1(1+r) + (1/4)(1+r)[(1/4)p_1(1+r) + (1/4)p_2(1+r) + l_2] + l_1$$

$$= (1/4)(1+r)p_1 + (1/4)^2 (1+r)^2 p_1 + (1/4)^2 (1+r)\, p_2 + (1/4)l_2(1+r) + l$$

Al sustituir ahora en esta última expresión, p_2 por el segundo miembro de la ecuación [b] se obtiene:

$$p_1 = (1/4)(1+r)p_1 + (1/4)^2 (1+r)^2 p_1 + (1/4)^2(1+r)^2[(1/4)p_1(1+r) + (1/4)p_2(1+r) + l_2] + (1/4)l_2(1+r) + l_1$$

$$= (1/4)(1+r)p_1 + (1/4)^2(1+r)^2 p_1 + (1/4)^3(1+r)^3 p_1 + (1/4)^3(1+r)^3 p_2 + (1/4)^2\, l_2(1+r)^2 + (1/4)l_2(1+r) + l_1$$

En forma análoga, sustituyendo T–1 veces consecutivamente, resulta:

$$p_1 = p_1 \Sigma_t\ [(1+r)/4]^t + l_2 \sum_t^{t \neq T} [(1+r)/4]^t + l_1 + [(1+r)/4]^T p_2$$

Aquí t = 1,2,…,T. Ahora bien, puesto que $\lim_{T \to \infty} [(1+r)/4]^T = 0$ siempre que $0 \leq r < 3$, se puede escribir:

[3.2.2.]

$$p_1 = p_1 \underbrace{\left(\lim_{T\to\infty} \sum_t [(1+r)/4]^t \right)}_{=D_{11}} + \underbrace{l_2\left(\lim_{T\to\infty} \sum_{t}^{t\neq T} \left[(1+r)/4\right]^t + l_1 \right)}_{=L_{11}}$$

$\forall\, r \in [0,1[$.

Obsérvese que al efectuar la sustitución de p_2 se lo remplaza por el costo de producción de una unidad del bien 2, constituido a su vez por el costo de cada uno de los bienes que intervinieron directamente en su producción. De esta manera, al multiplicar estos costos por el coeficiente de p_2 en la ecuación [a], se obtiene el costo de producción de las (1/4) unidades del bien 2 utilizadas directamente en la producción del bien 1, multiplicado por (1+r).

Ahora bien, las cantidades de bienes utilizadas directamente en la producción de (1/4) unidades del bien 2 también son utilizadas indirectamente –a través del bien 2– en la producción de una unidad del bien 1.

En consecuencia, al efectuar esta sustitución se obtiene una expresión en la que el precio del bien 1 aparece como una función de la cantidad del bien 1 que participa directamente y de una de las cantidades del mismo bien que participan indirectamente en su producción.

De manera análoga, al efectuar la siguiente sustitución de p_2 se obtiene una expresión en la que el precio del bien 1 aparece como función de las cantidades ya señaladas en el párrafo precedente y además de otra de las cantidades del mismo bien que participan indirectamente en su producción.

Puesto que la cantidad del bien 2 tiende a disminuir a medida que se realizan las sustituciones, el costo actualizado de estas cantidades tiende a cero siempre que r ∈ [0,1]. Al mismo tiempo, al continuar infinitamente este proceso, se obtiene la expresión del precio de una unidad del bien 1 como función de todas las cantidades del bien 1 utilizadas directamente y en forma indirecta en su producción [3.2.2.].[2]

Por lo tanto, este método permite calcular el total de las cantidades de un bien, producido o no, que se utilizan en la producción de una mercancía cualquiera. Basta para ello con sustituir, en el primer caso, el precio de cada bien producido, salvo el que corresponde al bien cuya participación se desea conocer, como en el ejemplo estudiado aquí. En el segundo caso, se realiza la misma operación sin exentar el precio de ningún bien producido, como en P. Sraffa (1960).

Al observar el sistema [3.2.1.] se puede constatar que las cantidades de bienes producidos que se utilizan en las dos ramas son iguales. Por lo tanto, se puede obtener la expresión del precio del bien 2 como función de las cantidades del mismo bien utilizadas directamente y en forma indirecta en su producción, sustituyendo p_2 y l_2 por p_1 y l_1 respectivamente en la ecuación [3.2.2.]. De esta forma, se obtiene:

$$p_2 = p_2 \underbrace{\left(\lim_{T\to\infty} \sum_t \left[(1+r)/4 \right]^t \right)}_{=D_{22}} +$$

$$l_1 \underbrace{\left(\lim_{T\to\infty} \sum_{t}^{t\neq T} \left[(1+r)/4 \right]^t + l_2 \right)}_{=L_{22}}$$

$\forall\, r \in [0,1[$.

2 En efecto, en este ejemplo $a_{11} = a_{12} = a_{21} = a_{22} = 1/4(1 + r)$. Por lo tanto, toda participación del bien 1 en su propia producción, a través de otros bienes (salvo para $a_{12}a_{21}$), corresponde a un coeficiente de tipo $a_{12}\, a_{22} \dots a_{22}\, a_{21}$, los cuales se distinguen unos de otros sólo por el número de veces que aparece en ellos el coeficiente a_{22}. No es difícil verificar que cada uno de estos coeficientes es obtenido después de un número de sustituciones igual a 1 más el número de veces que figura en él a_{22}.

De [3.2.2.] y de la última ecuación, se llega al siguiente sistema:

Sistema [3.2.3.]

$$p_1 = L_{11}/(1-D_{11})$$

$$p_2 = L_{22}/(1-D_{22})$$

el cual tiene las mismas soluciones que el sistema [3.2.1.] para todos los niveles de r comprendidos en el intervalo [0,1]. En la sección siguiente y en el apéndice A.1 se presenta la demostración de esta aseveración en el caso general.

Las funciones D_{11}, D_{22}, L_{11} y L_{22} son crecientes con respecto a r, por lo que alcanzan su valor mínimo –de interés económico– cuando r = 0, es decir, cuando el precio de cada bien está determinado por las cantidades del propio bien y una parte de las cantidades de trabajo que se utilizan en su producción.

Ahora bien, estos precios son superiores a cero si y sólo si el denominador del segundo miembro de las dos ecuaciones precedentes es superior a cero. Es decir, si y solamente si la cantidad total de cada bien que se utiliza en la producción de una unidad del mismo bien es inferior a 1.

Por otra parte, el sistema [3.2.3.] permite determinar un sistema de precios positivos que satisface el sistema [3.2.1.] para todos los niveles de r para los cuales el denominador de ambas funciones sea superior a cero. Además, cualquiera de los precios tiende a infinito cuando el denominador correspondiente tiende a cero.

Es decir, el valor de la unidad de salario, en términos de al menos uno de los dos bienes, tiende a cero cuando por lo menos uno de los dos denominadores tiende a cero. Esto significa que se puede definir la tasa máxima de ganancia como el más pequeño de los valores de r para los cuales se iguala a cero por lo menos uno de los denominadores de las funciones señaladas.

Desde el punto de vista económico, esto significa que la tasa de ganancia máxima es el más pequeño de los valores de r, para los cuales el precio de un bien es igual al costo de la totalidad de las cantidades del mismo bien que se utilizan en su producción.

Por último, se verificará que la tasa de ganancia que corresponde al nivel cero de salarios, determinada de esta forma, es igual a 1. Puesto que los denominadores de las dos funciones son iguales, se considerará sólo una de ellas:

Hágase a = (1+r)/4 y considérese el valor de la suma $\Sigma_t\, a^t$. Este valor está determinado por la fórmula $a(a^T-1)/(a-1)$.[3]

De esta forma:

$$\lim_{T\to\infty} \Sigma_t\, a^t = a\left(\lim_{T\to\infty} a^T - 1\right)/(a-1)$$

Esta función permite determinar el costo total de la utilización del bien 1 en su propia producción para cualquier nivel de r. Obsérvese que si r < 3 entonces $\lim_{T\to\infty} a^T = 0$ por lo cual para valores de r inferiores a 3 se verifica:

$$[3.2.4.] \qquad D_{11} = a(-1)/(a-1)$$

Si se hace r = 0 y se sustituye a en esta fórmula, se obtiene la cantidad total del bien 1 utilizada en su propia producción que es igual a 1/3.

De esta forma, D_{11} es una función creciente de r, cuyo valor es 1/3 cuando r = 0 y que tiende a infinito cuando r se acerca a 3. Por ello, debe existir un valor de r perteneciente al intervalo]0,3[para el cual D_{11} = 1. Para obtener este valor se iguala a 1 el segundo miembro de [3.2.4.] y se despeja r. De esta forma, queda:

$$1 = [(1+r)/4]/[1-(1+r)/4]$$

$$\Rightarrow$$

$$1-(1+r)/4 = (1+r)/4$$

$$\Rightarrow$$

$$1 = (1+r)/2$$

[3] Véase Lisman (1965), p. 20.

De aquí se infiere que r = 1. Es decir, el valor máximo de r, según nuestra definición, es el mismo que se obtiene con cualquiera de los métodos habituales con los que se calcula.

3.3. PARTICIPACIÓN DE CADA BIEN EN SU PROPIA PRODUCCIÓN

Sea $\Sigma_k c_k p_k = C$ una suma cualquiera de valores en la cual $c_k \geq 0 \; \forall$ k y esta desigualdad se cumpla para al menos un k. Se llamará reducción del valor del bien j en C a la operación definida por los dos pasos siguientes:

1] Se sustituye en la sumatoria el precio del bien j con el segundo miembro de la ecuación de producción [2.4.3.] de este bien.

2] Se reagrupan los términos que resultan de la sustitución, de manera que cada precio tenga un solo coeficiente.

Para simplificar la exposición, se designará a esta operación sencillamente como reducción.

La reducción permite obtener una fórmula en la cual la fracción del valor dado que depende directamente del precio sustituido es menos importante que en la expresión original.

Efectuando sucesivamente la reducción del precio de un bien un número de veces suficientemente elevado, se llega a disminuir la importancia de esta fracción hasta hacerla más pequeña que cualquier número positivo dado. Esto permite obtener una fórmula para el valor original en la que no aparece el precio sustituido, disminuyendo así el número de variables de las que depende este valor.

Se establecerá ahora, por medio de la reducción, la expresión del precio unitario de un bien e que participa en su producción como función del total de las cantidades del mismo bien que intervienen directamente o en forma indirecta en su elaboración. Este resultado se alcanzará reduciendo los precios de todos los bienes –a excepción de p_e– a través de los cuales el bien e participa en su propia producción.

Obsérvese que los bienes independientes no participan en su propia producción mientras que aquellos bienes e (e = 1,2,...,n) pertenecientes a clases que contienen un solo bien no ofrecen ninguna dificultad para determinar la cantidad total con la que participan en su propia producción, ya que ésta es igual a a_{ee} cuando r = 0.

Por este motivo, salvo cuando se indique lo contrario, los análisis que se presentan en el resto de esta sección harán referencia sólo a aquellos bienes que pertenezcan a clases en las que hay al menos dos bienes.

Sea E el conjunto de los índices correspondientes a los bienes referidos en el párrafo anterior. Considérese la ecuación de tipo [2.4.3.] correspondiente a un bien e ∈ E.

Para cada uno de los índices del conjunto C_e se sustituye en el lado derecho de esta ecuación, p_j por el segundo miembro de la ecuación de producción [2.4.2.] del bien j para cada j ≠ e. Se obtiene:

$$p_e = \sum_{\substack{k \neq e \\ k \in Ce}} a_{ek} \left[\sum_j a_{kj} p_j \right] + a_{ee} p_e + \sum_{j \in He} a_{ej} p_j$$

Si se reagrupan los términos salidos de esta sustitución queda:

$$[3.3.1.] \quad p_e = \sum_j \sum_{\substack{k \neq e \\ k \in Ce}} a_{ek} a_{kj} p_j + a_{ee} p_e + \sum_{j \in He} a_{kj} p_j$$

Para simplificar la notación sea $a^0_{kj} = a_{kj}$ para cada pareja (k,j). Por otra parte, para cada T ≥ 1 sea a^T_{ej} el coeficiente que corresponde al precio j después de haber reagrupado los términos obtenidos al reducir, en la expresión $\sum_{\substack{j \neq e \\ j \in Ce}} a^{T-1}_{ej} p_j$ los precios de todos los bienes. En consecuencia:

$$[3.3.2.] \quad a^T_{ej} = \sum_{\substack{k \neq e \\ k \in Ce}} a^{T-1}_{ek} a_{kj} \quad \text{para cada j}$$

Si se supone que la técnica utizada en todas las fases de la producción del bien e es la misma, se puede interpretar a^T_{ej}, cuando r = 0, como la cantidad del bien j utilizada en la T+1-ésima fase de su producción, contando a partir de la más reciente. Siendo esta utilización efectuada en forma indirecta –para T ≥ 1– a través de los bienes que pertenecen a su propia clase, con excepción del mismo bien e. Puesto que cada bien participa en su producción sólo a través de los bienes de su propia clase, cuando r = 0, para cada bien e, la fórmula a_{ee}^{T} define la cantidad total del bien e utilizada indirectamente en su propia producción en la misma fase y, para cualquier r, la fórmula $a_{ee}^{T} p_e$ determina el costo actualizado de dicha utilización.

Mediante la simplificación indicada se puede escribir la ecuación [3.3.1.] bajo la forma:

$$p_e = \left(a_{ke}^{0} + a_{ke}^{1}\right) p_e + \sum_{j \in Ce}^{j \neq e} a_{ej}^{1} p_j + \sum_{j \in He} \left(a_{ej}^{0} + a_{ej}^{1}\right) p_j$$

Si se reducen los precios en el segundo término del lado derecho de esta ecuación, se obtiene:

$$\sum_{j \in Ce}^{j \neq e} a_{ej}^{1} p_j = a_{e1}^{2} p_1 + a_{e2}^{2} p_2 + a_{e3}^{2} p_3 + \ldots + a_{eJ}^{2} p_J$$

Al sustituir al primer miembro de esta última ecuación en la ecuación precedente resulta, después de reagrupar:

$$p_e = \left(a_{ee}^{0} + a_{ee}^{1} + a_{ee}^{2}\right) p_e + \sum_{j \in Ce}^{j \neq e} a_{ej}^{2} p_j + \sum_{j \in He} \left(a_{ej}^{0} + a_{ej}^{1} + a_{ej}^{2}\right) p_j$$

En forma análoga, después de haber llevado a cabo, sucesivamente T veces (T ≥ 1) la reducción del valor de todos los bienes de C_e –excepto el del bien e– en el segundo miembro de la ecuación de producción del bien e, se obtiene la ecuación:

[3.3.3.] $$p_e = \left(\Sigma_t a_{ee}^{t}\right) p_e + \sum_{j \in Ce}^{j \neq e} a_{ej}^{T} p_j + \sum_{j \in He} \Sigma_t a_{ej}^{t} p_j$$

En donde t = 0,1,2,…,T. En consecuencia, cuando T tiende a infinito resulta:

$$p_e = \lim_{t\to\infty}\left[\left(\sum_t a_{ee}^t\right)p_e + \sum_{j\in Ce}^{j\neq e} a_{ej}^T p_j + \sum_{j\in He}\sum_t a_{ej}^t p_j\right]$$

Para cada e ∈ E sea $D_{ej} = \lim_{T\to\infty}\sum_t a_{ej}^t$ para cada j ∈ {e,H_e}. De esta forma, llevando a cabo las reducciones indicadas para cada bien e ∈ E se obtiene una ecuación como la siguiente:

$$p_e = D_{ee}p_e + \sum_{j\in Ce}^{j\neq e} \lim_{T\to\infty} a_{ej}^T p_j + \sum_{j\in He} D_{ej} p_j$$

lo que permite escribir el sistema [2.4.1.] bajo esta forma:

$$a]\ p_e = \left[\sum_{j\in Ce}\lim_{T\to\infty} a_{ej}^T p_j + \sum_{j\in He} D_{ej}p_j\right]/\left(1-D_{ee}\right) \qquad (e\in E)$$

[3.3.4]

$$b]\ p_e = \left[\sum_{j\in He} a_{ej}p_j\right]/\left(1-a_{ee}\right) \qquad (e\notin E)$$

La notación a la izquierda indica que existe una ecuación del tipo correspondiente para cada valor de e que está en el caso indicado.

De acuerdo con lo que se señaló más arriba, cuando r = 0, D_{ee} –o en su caso a_{ee}– es el total de unidades del bien e que se ha utilizado en la producción de una unidad de este bien y, para cada nivel de r, la fórmula $D_{ee}p_e$ (o en su caso $a_{ee}p_e$) determina el costo actualizado de esta suma. Por este motivo, el sistema anterior expresa el precio de cada bien como función de dichas variables.

3.4. EXISTENCIA DE LOS PRECIOS DE PRODUCCIÓN EN EL CASO DE LA PRODUCCIÓN SIMPLE

El método que se acaba de exponer en las dos últimas secciones permite determinar la cantidad total de cada bien que participa en su propia producción y, al mismo tiempo, definir la relación que existe entre cada precio y dicha cantidad.

En esta sección se utilizará lo anterior para estudiar algunas propiedades de los precios de producción y sus condiciones de existencia.

Obsérvese que si la cantidad total de cada bien utilizada en la producción de una unidad del mismo bien es inferior a una unidad, se verifica el siguiente sistema de desigualdades cuando r = 0:

[3.4.1.]
$$D_{kk} < 1 \qquad (k \in E)$$
$$a_{kk} < 1 \qquad (k \notin E)$$

En este caso, diremos que el sistema [2.4.1.] es productivo.

Por otra parte, si [3.4.1.] se verifica para un r cualquiera, entonces también se verifica el siguiente sistema de desigualdades para cualquier sistema dado de precios superiores a cero.

[3.4.2.]
$$D_{kk} p_k < p_k \qquad (k \in E)$$
$$a_{kk} < p_k \qquad (k \notin E)$$

Esto significa que el costo actualizado de la utilización de cada bien en su propia producción es inferior al valor de una unidad del mismo bien.

Al dividir cada una de las desigualdades del sistema [3.4.2.] por el precio correspondiente, se obtiene el costo de la utilización de cada bien en su propia producción, expresado en unidades del mismo bien. Por este motivo, se puede decir que si el sistema [3.4.1.] se verifica para un r dado entonces el costo de utilización de cada bien en su propia producción, en terminos del mismo bien, es inferior a uno.

Finalmente, también podemos decir que si el sistema [3.4.1.] se verifica para un r dado, entonces la suma actualizada del total de las cantidades fechadas de cada bien que participan en la producción de una unidad del mismo bien es inferior a uno.

En lo que resta de este capítulo y en el siguiente, se utilizará como unidad de medida una colección formada por una unidad de cada uno de los bienes no producidos y se supondrá que el precio correspondiente a cada uno de ellos es fijo y superior a cero.

El siguiente teorema define una condición necesaria y suficiente para la existencia de los precios de producción:

Teorema 1. Dado un valor de r, el sistema [2.4.1.] tiene una solución p positiva ($p_k > 0 \; \forall \; k \leq n$) si y solamente si el sistema [3.4.1.] se satisface para ese valor de r. En este caso, la solución es única.

Prueba. Véase el apéndice A.1.

Según este teorema, existe un sistema de precios de producción positivo, unívocamente determinado, para un nivel dado de r si y sólo si el costo actualizado de la utilización de cada bien en su propia producción es inferior al valor de una unidad del mismo bien.

Conviene observar que el hecho de que el sistema [3.4.1.] se vea satisfecho para un r dado no significa necesariamente que el sistema [2.4.1.] sea productivo.

En efecto, podría ocurrir que el sistema [3.4.1.] no se verificara cuando r = 0 y que esto sí ocurriera para algún valor de r diferente de cero. Tal es el caso para valores de r inferiores a cero si todas las funciones de tipo a_{kj} son crecientes con relación a r, que parece lo más normal. Sin embargo, estas funciones también pueden ser decrecientes –como se verá en el ejemplo presentado en la siguiente sección– por lo cual parece factible que en ciertos casos el mismo sistema [3.4.1.] se vea satisfecho sólo con valores positivos de r que son diferentes de cero.

En este libro se estudiarán exclusivamente los sistemas productivos. En este caso, se verifica el siguiente resultado:

Teorema 2. Si el sistema [2.4.1.] es productivo, entonces existe un número R > 0, determinado por este sistema, tal que:

a] Para cada $r \in [0,R[$ existe un sistema de precios positivo, unívocamente determinado, que satisface [2.4.1.]

b] Cuando r tiende a R, el precio de al menos uno de los bienes producidos tiende a infinito en relación con todos los bienes no producidos.

c] Si $r > R$, entonces al menos uno de los precios es negativo o bien [2.4.1.] no tiene ninguna solución real.

Prueba. Véase el apéndice A.3.

Este teorema muestra que si el sistema es productivo, entonces existe un intervalo no nulo de la tasa de ganancia $[0,R[$ tal que existe un sistema de precios de producción unívocamente determinado para cada nivel de r comprendido dentro del intervalo.

Por otra parte, este intervalo contiene todos los valores de r para los cuales la existencia de un sistema de precios de producción positivo es compatible con una tasa de ganancia no negativa. En efecto, como se señaló más arriba, podría haber sistemas de precios de producción positivos con tasas de ganancia negativas y también, dc acuerdo con el inciso c] del teorema 2, si $r > R$ entonces los sistemas de precios reales que satisfacen [2.4.1.] contienen al menos un precio negativo.

Por estas razones, en lo que resta de este libro el estudio se limitará a los valores de r comprendidos dentro del intervalo $[0,R[$ correspondiente al sistema del que se trate.

Como se establece en la demostración de este teorema, el valor de R que corresponde a un sistema [2.4.1.] dado es igual al más pequeño de los valores positivos de r, para los cuales $D_{kk} = 1$ o bien $a_{kk} = 1$ para al menos un k. Por este motivo, depende de las características técnicas del sistema del que se trate.

La productividad física juega un papel de especial importancia en la determinación del valor de R ya que éste es, por regla general, más grande en la medida en que la productividad física aumenta. Esta relación se estudia en el capítulo 9.

Por otra parte, el inciso b] del teorema 2 implica que el precio de todos los bienes no producidos tiende a cero, con relación al menos a un bien producido, cuando r tiende a R. Como dicho bien forma parte del excedente del sistema o bien participa en la producción de un bien que forma parte de dicho excedente se infiere que el valor de todos los bienes no producidos tiende a cero, con relación al excedente, cuando r tiende a R (véase el capítulo 8).

En consecuencia, R es el valor de la tasa de ganancia con el cual el total del excedente va a la ganancia y corresponde, por lo tanto, a la definición de la tasa de ganancia máxima presentada por P. Sraffa (1960).

Los análisis precedentes muestran que dicha tasa está determinada por la igualdad entre el precio de un bien y el costo actualizado de todas la cantidades del mismo bien que fueron utilizadas directa e indirectamente en su producción.

Esta definición no contradice la explicación habitual, que ubica la determinación de dicha tasa en la capacidad del sistema de reproducirse en forma homotética.[4] Pero en mi opinión precisa un aspecto importante de la misma, ya que implica que la tasa de reproducción homotética del sistema está restringida por la participación de cada bien en su propia producción (véase el apéndice D.1).

3.5. VARIACIÓN DE LOS PRECIOS EN FUNCIÓN DE r

Dado un sistema de precios positivos, en una unidad cualquiera, se pueden determinar los precios relativos. Como lo estableció P. Sraffa (1960), éstos varían en función de r. Señalaremos solamente que, a diferencia de lo que ocurre en modelos más sencillos –como el del autor citado– aquí los precios salariales pueden ser una función decreciente de r.[5]

Esto ocurre debido a que, en este modelo, el período que separa dos pagos sucesivos de los salarios puede ser más largo que el período que separa dos ventas sucesivas en una misma empresa, como se verá en el siguiente ejemplo:

Ejemplo 1: Supóngase que una empresa produce una unidad del

[4] Véase P. Sraffa (1961) y A. Benítez (1989).
[5] Véase A. Delarue (1982).

bien k en cada fecha del año –a excepción de la primera– mientras que paga en total $L_{T,k}$ unidades de salarios al final del período. Aparte del trabajo, introduce en la producción $I_{t,k,b}$ unidades del bien b en cada fecha del año (salvo en la última) y no consume ningún otro insumo. De esta forma, la ecuación de tipo [2.2.1.] correspondiente a la empresa k será:

$$\sum_{t}^{t \neq T} I_{t,k,b} \, p_b e_t + L_{T,k} = \sum_{t}^{t \neq 0} p_k e_t$$

De aquí se concluye que:

$$\left[\left(\sum_{t}^{t \neq T} I_{t,k,b} e_t\right) / \left(\sum_{t}^{t \neq 0} e_t\right)\right] p_b + L_{T,k} / \sum_{t}^{t \neq 0} e_t = p_k$$

Obsérvese que el segundo término del primer miembro de esta ecuación es una función decreciente de r, siempre que T > 1, mientras que cualesquiera que sean los valores de r y de p_b se puede escoger $I_{t,k,b}$ lo suficientemente pequeño para que el primer miembro de esta ecuación sea una función decreciente de r.

4. LOS PRECIOS DE PRODUCCIÓN EN LA PRODUCCIÓN CONJUNTA

En este capítulo se estudiarán las condiciones de existencia de los precios de producción en el caso de la producción conjunta, es decir, cuando cabe la posibilidad de que cada rama produzca bienes de varios tipos.

El objetivo de la exposición será demostrar que la condición necesaria y suficiente que se estableció en el capítulo precedente para la existencia de los precios de producción en la producción simple, –a saber: que la cantidad total, actualizada, de cada bien utilizada directa e indirectamente en la producción de una unidad del mismo bien sea inferior a 1–, también es necesaria y suficiente para la existencia de estos precios en el caso de la producción conjunta.

Con este propósito en la primera sección se seguirá un procedimiento que permitirá definir todas las formas en las que cada bien puede participar en su propia producción que son compatibles con las ecuaciones de producción.

En la segunda sección, se estudiará la relación entre estas formas y los sistemas de precios que pueden satisfacer las ecuaciones de producción para establecer el resultado señalado.

4.1. EQUIVALENCIA ENTRE SISTEMAS CON PRODUCCIÓN CONJUNTA Y SISTEMAS CON PRODUCCIÓN SIMPLE

Obsérvese que si existe una solución p –donde $p_j > 0 \ \forall$ j– para un sistema de tipo [2.3.1.], entonces se puede definir, para cada bien producido, el número ψ_k determinado por la fórmula:

[4.1.1.] $$\psi_k = \sum_t O_{t,v,k}\, p_k e_t \Big/ \left(\sum_t \sum_j I_{t,v,j}\, p_j e_t \right)$$

Este número indica la fracción del total del costo de la producción de la rama v representado por el valor de la producción del bien k. Se hablará de valores capitalizados al final del período.

Puesto que el valor total de la producción es igual al valor total de la inversión se verifica que $\psi_{k1} + \psi_{k2} + \ldots + \psi_{k\tilde{v}} = 1$ para cada rama v. Por otra parte, $\psi_k \geq 0 \; \forall$ k y se da la igualdad solamente si se produce una cantidad nula del bien k.

Lo anterior muestra que la existencia de una solución positiva a un sistema de tipo [2.3.1.] en el que hay producción conjunta, implica la existencia –virtual– de otro sistema de ecuaciones de producción en el que hay producción simple y que tiene la misma solución. Dicho sistema se establece despejando el denominador de cada una de las ecuaciones de tipo [4.1.1.].

Esto nos sugiere que la existencia de un sistema de producción simple que se derive de [2.3.1.] en la forma que hemos indicado, y que tenga una solución positiva, puede ser una condición necesaria y suficiente para que exista una solución del mismo tipo para [2.3.1.].

A continuación, se demostrará que esto es así, lo cual permite circunscribir el problema de la existencia de los precios de producción en la producción conjunta, al caso de la producción simple que ya se estudió.

Se llamará ecuación simple del bien k (k ≤ n) a una ecuación del tipo:

$$\psi_k \left(\sum_t \sum_j I_{t,v,j} \, p_j e_t \right) = \sum_t O_{t,v,k} \, p_k e_t$$

que establece la igualdad entre el valor de la oferta de este bien y una fracción ψ_k ($0 < \psi_k \leq 1$) del valor de las compras de la rama que lo ofrece. Por otra parte, se llamará sistema ψ a un sistema de n ecuaciones simples –una por cada k ≤ n– en el cual se verifican las condiciones siguientes:

a] $\psi_k = 0 \Leftrightarrow \sum_t O_{t,v,k} = 0$

b] $\sum_{k \in C\tilde{v}} \psi_k = 1 \Leftrightarrow \sum_{k \in C\tilde{v}} \sum_t O_{t,v,k} > 0$

en donde para cada v, el signo bajo la sumatoria indica que ésta debe tomar en cuenta sólo los valores de k contenidos en $C\tilde{v}$.

De esta forma, un sistema ψ es un sistema de ecuaciones de producción que representa a un sistema de producción simple, equivalente al vector z dado. Aquí entendemos por equivalencia exclusivamente al hecho de que en los dos sistemas –considerados en forma global– se producen los mismos bienes con un consumo idéntico de insumos y según el mismo calendario.

En consecuencia, para cada $z \in Z$ se puede formar un sistema ψ con cada vector $\psi = (\psi_1, \psi_2, \ldots, \psi_n)$ perteneciente al conjunto:

$$\psi(z) = \left\{ \psi \in R^n_+ \mid \psi_k = 0 \Leftrightarrow \sum_t O_{t,v,k} = 0 \text{ y } \sum_{k \in C\tilde{v}} \psi_k = 1 \right.$$

$$\left. \Leftrightarrow \sum_{k \in C\tilde{v}} \sum_t O_{t,v,k} > 0 \right\}$$

en donde, para cada k, v es la rama que ofrece k. Si en el vector z considerado ninguna oferta es no nula por parte de las empresas, el único elemento de $\psi(z)$ es el origen de R^n. Por otra parte, si hay una oferta no nula de un solo bien en cada rama, el único elemento de este conjunto es el vector cuya k-ésima coordenada es 0, si la oferta de ese bien es nula, y 1 si no lo es. Por último, si en z hay al menos una rama en la que hay una oferta no nula de más de un bien, el número de elementos de $\psi(z)$ es infinito.

Los sistemas ψ tienen interés para el estudio de los precios de producción debido al siguiente teorema:

Teorema 3. Existe un $p > 0$ que satisface todas las ecuaciones de producción de las ramas cuya oferta no es nula en un vector z dado, si y solamente si existe un sistema ψ correspondiente a z al cual satisface p.

Prueba. Véase el apéndice A.5.

4.2. PARTICIPACIÓN DE CADA BIEN EN SU PROPIA PRODUCCIÓN, EN EL CASO DE LA PRODUCCIÓN CONJUNTA

En un sistema industrial en donde hay producción conjunta, es dificil definir cuál es la fracción de los diferentes insumos que se destina a la producción de cada bien. Por otra parte, puesto que varios bienes se pueden producir de manera simultánea, tal vez esto sea imposible desde un punto de vista técnico.

Sin embargo, como se verá a continuación, es posible definir todas las formas en las que cada bien puede participar en la formación de su costo unitario, que sean compatibles con el sistema [2.3.1.]. Una vez hecho esto, se estudiará la relación entre el conjunto de estas colecciones de formas de participación –una por cada bien– y los sistemas de precios positivos que satisfacen [2.3.1.].

El teorema 3 permite estudiar las condiciones de existencia de una solución positiva a las ecuaciones de producción de las ramas, a partir de las propiedades de los sistemas ψ. Con esta finalidad se cambiará el índice v por k en los dos lados de la ecuación simple correspondiente a cada $k \leq n$, obteniéndose así para cada uno de estos bienes, una ecuación de tipo:

$$[4.2\ 1.] \qquad \psi_k \left(\sum_t \sum_j I_{t,k,j}\, p_j\, e_t \right) = \sum_t O_{t,k,k}\, p_k\, e_t$$

En cada una de ellas, los dos lados son diferentes de cero si y solamente si la cantidad del bien k correspondiente, ofrecida por las empresas, no es cero.

Conviene señalar que si las empresas de una rama hacen al menos una demanda no nula y no hacen oferta alguna diferente de cero en un vector z dado, la ecuación de tipo [2.3.1.] correspondiente a esta rama, no tiene ninguna solución $p > 0$. En cambio, si no hacen transacción alguna no nula, cualquier p la satisface.

Puesto que todos los precios que se considerarán son positivos, ninguna empresa escogería un plan en el que hubiera demandas no nulas sin que hubiera ofertas superiores a cero, por lo cual se excluirá esta posibilidad. Por otra parte, es fácil verificar que los resultados que se presentan a continuación no pierden generalidad bajo el supuesto de que se produce una cantidad no nula de cada uno de los bienes. De manera que se partirá de esta idea para simplificar la exposición. Entonces, se puede escribir [4.2.1.] bajo la siguiente forma:

$$[4.2.2.] \quad \left(\psi_k \sum_t \sum_j I_{t,k,j}\, p_j e_t \right) \Big/ \left(\sum_t O_{k,k} e_t \right) = p_k$$

Para estudiar más fácilmente las n ecuaciones de este tipo se simplificará su escritura mediante las funciones $a_{k,j}$ introducidas en el capítulo 2, con una ligera modificación de su definición, de la siguiente manera:

$$a_{kj} = \left(\psi_k \sum_t I_{t,k,j} e_t \right) \Big/ \left(\sum_t O_{t,k,k} e_t \right)$$

para toda pareja (k,j) donde $k \leq n$. Cuando $r = 0$, se puede interpretar estas funciones como se indica en la sección 2.4., a condición de hacer referencia a un sistema de producción simple que es equivalente, mas no necesariamente igual, al sistema representado en z.

Conviene señalar que cada coeficiente de tipo a_{kj} es nulo o bien superior a cero en todos los sistemas ψ correspondientes a un mismo z, lo que implica que las relaciones de producción entre los bienes son las mismas en todos estos sistemas (véase la sección 2.4.)

Gracias a estas funciones podemos escribir la ecuación [4.2.2.] correspondiente a cada $k \leq n$ bajo la forma:

$$[4.2.3.] \quad a_{k,1} p_1 + a_{k,2} p_2 + \ldots + a_{kJ} p_J = p_k$$

En consecuencia, si se supone que cada uno de los bienes no producidos tiene un precio superior a cero –que se considerará fijo en lo sucesivo– se tendrá un sistema de tipo [2.4.3.] para cada $\psi \in \psi(z)$.

Por este motivo, el conjunto ψ(z) permite determinar todas las colecciones de tipo $\{a_{ee} \mid e \notin E\} \cup \{D_{ee} \mid e \in E\}$ compatibles con el sistema [2.3.1.] que son susceptibles de corresponder a un $p > 0$.[1]

4.3. EXISTENCIA DE LOS PRECIOS DE PRODUCCIÓN, EN EL CASO DE LA PRODUCCIÓN CONJUNTA

Diremos que un sistema de tipo [2.3.1.] satisface [3.4.1.] si al menos uno de los sistemas de tipo ψ que le corresponden lo satisface. Esto permite exponer el siguiente resultado:

Teorema 4. Existe una solución positiva para el sistema [2.3.1.], si y solamente si dicho sistema satisface la condición [3.4.1.].

Prueba. Véase el apéndice A.6.

Se puede interpretar este resultado diciendo que existe un sistema de precios positivos que satisface las ecuaciones de producción de un sistema con producción conjunta si y solamente si éste es equivalente a un sistema de producción simple que satisface la condición [3.4.1.].

Conviene agregar que si se modifica la definición de rama industrial de manera de permitir que dos ramas diferentes ofrezcan un mismo bien, la condición [3.4.1.] sigue siendo necesaria para que exista una solución positiva para el sistema [2.4.1.] correspondiente. Sin embargo, ya no es más una condición suficiente (véase el apéndice A.7.).

[1] En efecto, dado un $p > 0$ que satisface [2.3.1.] el sistema ψ correspondiente se determina en la forma expuesta al principio de esta sección. No es difícil verificar que el vector ψ implicado pertenece a ψ(z).

5. EL SISTEMA DE RACIONAMIENTO Y LOS K-EQUILIBRIOS

En este capítulo se presentará, en la primera sección, el sistema de racionamiento que completa el modelo de referencia presentado en el primer capítulo.

En seguida, se introducirán algunas definiciones que permitirán adaptar el concepto de k-equilibrio al modelo.

El propósito es presentar la definición general del tipo de equilibrios del cual se estudiará un caso particular en los dos siguientes capítulos, esto es, el de los k-equilibrios con precios de producción.

Como se verá, el sistema de racionamiento escogido –el de colas– es análogo al que estudia J.P. Benassy (1984). Sin embargo aquí, para simplificar la exposición, se supondrá que todos los agentes tienen la misma posición en las colas de todos los mercados.

Como se señaló en la introducción, el sistema de racionamiento permite reflejar en el modelo un aspecto particular de la desigualdad de los agentes económicos, a saber, que las decisiones económicas que ellos toman influyen unas en otras en diferente medida.

Dicho sistema pone de relieve este aspecto de la interacción entre los agentes ya que cada uno, al elegir una transacción en cada mercado, deja a los que le siguen en la cola la posibilidad de hacer las mismas transacciones que se le ofrecieron a él, menos aquellas que ya escogió.

Aparte de la anterior, cabe señalar también las siguientes diferencias con el modelo de Benassy:

a] Se incluye la producción.
b] Se excluye la moneda.
c] En la definición de la demanda efectiva se eliminan las restricciones a todas las transacciones correspondientes a la misma fecha.

La primera modificación es necesaria dados los objetivos de este análisis, mientras que las tres siguientes, sin ser indispensables, se introdujeron con el propósito de simplificar la exposición.

5.1. EL SISTEMA DE RACIONAMIENTO

Para cada pareja (b,h) definimos las funciones individuales de demanda d_{bh}:Z–>R^+ y de oferta s_{bh}:Z–>R^+ del agente b en el mercado h, que asocian a cada z las cantidades determinadas por las reglas siguientes:

a] si $b \leq m$: $d_{bh}(z) = |\, \text{mín}\,(0,z_{bh})\, |$ y $s_{bh}(z) = \text{máx}\,(0,z_{bh})$ y
b] si $b > m$: $d_{bh}(z) = \text{máx}\,(0,z_{bh})$ y $s_{bh}(z) = |\, \text{mín}\,(0,z_{bh})\, |$

Por otra parte, definimos también, para cada h, las funciones de demanda D_h: $Z \rightarrow R^+$ y de oferta S_h:$Z \rightarrow R^+$ globales que asocian a cada z las cantidades determinadas mediante las fórmulas siguientes:

$$D_h(z) = \sum_b d_{bh}(z) \text{ y}$$

$$S_h(z) = \sum_b s_{bh}(z)$$

Las funciones anotadas con minúsculas indican respectivamente el volumen de la demanda y de la oferta de un agente en particular en el mercado correspondiente mientras que las representadas con mayúsculas señalan el monto global, respectivamente, de la oferta y de la demanda en el mercado de que se trate.

Siguiendo el modelo de J.P. Benassy (1984) supondremos que el conjunto de los mercados está dotado de una organización que permite transformar cualquier vector z dado en un vector z* de transacciones efectivamente realizables. Estas últimas son aquellas que los agentes prefieren dentro de los límites que imponen a cada uno los planes de los otros agentes y la forma particular del sistema de racionamiento.

Cada agente percibirá una cota superior y otra inferior para el volumen de las transacciones que puede llevar a cabo con cada bien. Estos límites dependerán de la configuración de demandas y ofertas presente en el mercado según un conjunto de reglas, las cuales constituyen una variante del sistema de colas presentado por el autor citado. Se les describe a continuación:

Cada agente tendrá en las colas de todos los mercados la posición determinada por el índice que le corresponde. Dado un vector z' cualquiera, los límites mínimo y máximo dentro de los cuales el agente b puede realizar sus transacciones en el mercado h serán definidos respectivamente por las funciones $\alpha_{bh}:Z \rightarrow R$ y $\omega_{bh}:Z \rightarrow R$ que asocian a cada z' las cantidades determinadas por las fórmulas siguientes:

$$\alpha_{\bar{b}h}(z') = \text{a] (si } \bar{b} \leq m\text{): } -S_h(z') + \sum_{b=1}^{\bar{b}-1} d_{bh}(z) \text{ y}$$

$$\text{b] (si } \bar{b} > m\text{): } -D_h(z') + \sum_{b=1}^{\bar{b}-1} s_{bh}(z)$$

$$\omega_{\bar{b}h}(z') = \text{a] (si } \bar{b} \leq m\text{): } D_h(z') - \sum_{b=1}^{\bar{b}-1} s_{bh}(z) \text{ y}$$

$$\text{b] (si } \bar{b} > m\text{): } S_h(z') - \sum_{b=1}^{\bar{b}-1} d_{bh}(z)$$

Aquí, para cada (b,h), $d_{bh}(z)$ y $s_{bh}(z)$ son, respectivamente, la demanda y la oferta que el agente b escoge en el mercado h una vez que percibe las restricciones que le corresponde. La forma en que elige dicha transacción será especificada en la sección siguiente.

En el caso particular del primer agente, el intervalo dentro del cual puede elegir en cada mercado está determinado por la oferta y la demanda globales de la situación inicial.

Para cualquier otro agente, en cada mercado, la cantidad máxima que puede vender es igual a la demanda total menos la suma de las ofertas de quienes le preceden en la cola mientras que la cantidad máxima que puede comprar es igual a la oferta total menos la suma de las demandas de los mismos agentes.

Por este motivo, el sistema de racionamiento conduce siempre a situaciones en las que la oferta y la demanda globales en cada mercado son menores o iguales a las de la situación inicial (véase el lema 10).

De acuerdo con lo anterior, podemos definir para cada agente b, la correspondencia T_{bh}: Z→R que asocia a cada z el intervalo $[\alpha_{bh}, \omega_{bh}]$ que contiene todas las transacciones posibles para el agente b con el bien h. A su vez, estas correspondencias nos permiten definir la correspondencia T_b:Z→R^H que asocia a cada z el conjunto $T_{b1} \times T_{b2} \times \ldots \times T_{bH}$ para cada b, el cual contiene todos los planes de transacciones posibles para el agente b.

5.2. DEFINICIÓN DE LOS K-EQUILIBRIOS

Una vez que cada agente percibe los límites derivados de z para sus intercambios, escoge un vector de transacciones óptimas tomando en cuenta estos límites y el sistema de precios dado, de la siguiente manera:

Para cada b ≤ m se define J_b:Z–>Z_b como la correspondencia que asocia a cada z el conjunto $Z_b \cap T_b(z)$, Π_b:Z–>R como la función que asocia a cada z el valor máximo del producto $z_b p$ sobre el conjunto $\{J_b(z)\}$ y M_b:Z–>Z_b como la función que asocia a cada z el elemento del mismo conjunto que maximiza dicho producto.

Por otra parte, para cada b > m se redefinen estas correspondencias como aquellas que asocian a cada z el conjunto $T_b(z) \cap \{z_b \in Z_b \mid z_b p \leq \sum_{\bar{b}} \gamma_{b\bar{b}} \Pi_{\bar{b}}\}$, la suma $\sum_{\bar{b}} \gamma_{b\bar{b}} \Pi_{\bar{b}}$ y el vector que maximiza la función U_b sobre el conjunto $\{J_b(z)\}$ respectivamente (véase el apéndice B.1).

De esta manera, las correspondencias J_b definen las transacciones posibles para cada agente, las funciones Π_b determinan el monto de la ganancia que corresponde a cada empresa y a cada consumidor y las funciones M_b definen la elección óptima para cada agente dentro de los límites impuestos por el sistema de racionamiento.

Por otra parte, sea M:Z–>Z la función que asocia a cada z el vector $(M_1(z),M_2(z),\ldots,M_B(z))$. Esta función define la situación que se presenta en los mercados como resultado de aplicar el proceso de racionamiento una vez, a partir de un z dado.

Ahora bien, en las situaciones resultantes, las ofertas y las demandas no son necesariamente iguales para todos los bienes, por lo que las transacciones correspondientes no siempre se pueden realizar.

Sin embargo, la transformación M presenta la peculiaridad siguiente: M(z) = z solamente si en el vector z la oferta y la demanda son iguales para todos los bienes. Como consecuencia de esto, para obtener un vector de transacciones consistente z* a partir de un z cualquiera, es suficiente con aplicar sucesivamente el proceso de racionamiento hasta que se llegue a un vector z* tal que M(z*) = z* (véase el apéndice B.1).

Lo anterior permite definir la función F:Z –>Z que asocia cada z al vector z* definido como se señala en el párrafo precedente.[1] Esta función indica cuál es el vector de transacciones que los agentes pueden llevar a cabo efectivamente, como resultado del sistema de racionamiento y del vector de transacciones inicial.

Ahora bien, este último no es necesariamente aquel que contiene las transacciones que los agentes prefieren hacer tomando en cuenta el sistema de precios dado. Con el propósito de establecer una relación entre las transacciones posibles y aquellas que los agentes prefieren, a continuación se introducirá el concepto de demanda efectiva, que permitirá completar la definición de k-equilibrio adaptada a este modelo.

Sea C_t el conjunto que contiene los índices correspondientes a todos los bienes cuya fecha de entrega es t. Dado un z cualquiera se define para cada h la demanda efectiva de este bien por parte del agente b como el valor de la función ζ_{bh}:Z–>R que asocia a z la coordenada z_{bh} correspondiente al vector preferido por el agente b dentro de los límites definidos para cada bien por el conjunto $T_b(z)$, a excepción de aquellos que corresponden a los bienes del conjunto C_t al que pertence h. Esto permite definir la función de demanda efecti-

[1] La existencia de la función F se puede demostrar modificando ligeramente la definición de la función Fn establecida en el apéndice B.2. Sin embargo, no se hará ya que no es necesario para los fines de este trabajo.

va ζ:Z–>Z que asocia cada z al conjunto $\zeta_{11}\times\zeta_{12}\ldots\times\zeta_{1H}\times\zeta_{21}\times\zeta_{22}\ldots$, $\zeta_{2H}\times\ldots\zeta_{BH}$ correspondiente (véase el apéndice B.1).

Con base en lo anterior, se define un k-equilibrio asociado a un sistema de precios p dado como un conjunto de demandas efectivas z, de transacciones z* y de restricciones cuantitativas $T_b(z^*)$ para cada b tal que:

a] $z = \zeta(z^*)$
b] $z^* = F(z)$

Intuitivamente, un k-equilibrio se puede definir como un punto estacionario de un proceso de ajuste de cantidades en el cual, a partir de un vector de demandas efectivas z, los agentes perciben los límites para sus transacciones realizables, definidos por $T_b(z^*)$ para cada b y, con base en éstos, formulan un nuevo vector de demandas efectivas que es igual a z.[2]

[2] Véase J.P. Benassy (1985).

6. EJEMPLOS DE K–EQUILIBRIOS CON PRECIOS DE PRODUCCIÓN

En este capítulo se estudiará una economía particular sumamente sencilla, con el propósito de ilustrar las definiciones presentadas en el capítulo anterior y también para facilitar la comprensión del resultado general que habrá de establecerse en el próximo.

Para ello, se presentarán los integrantes de esta economía, identificando los sistemas de precios para los que la producción pudiera ser superior a cero.

Luego se procederá a demostrar la existencia de un k-equilibrio con precios de producción no trivial para cada pareja r,i compatibles con la producción bajo el supuesto de que r = i.

La elección de este último supuesto así como también la hipótesis de rendimientos constantes en el sistema estudiado permiten, a su vez, ilustrar el el comentario 3 al teorema 5 (véase el capítulo 7). Por otra parte, para facilitar los cálculos se utilizarán tasas de ganancia y de interés con capitalización simple.

6.1. DESCRIPCIÓN DEL SISTEMA DE REFERENCIA

Se estudiará una economía compuesta por dos consumidores y una empresa en la que se produce un solo bien, desde el punto de vista físico.

El período de referencia es igual a la duración de un proceso de producción, por lo que se distinguirán dos fechas significativas: el principio y el final del mismo. Por otra parte, todas las transacciones ocurrirán en un solo sitio, por lo que este bien tendrá dos representaciones en la tercera clasificación: como bien 1 principio del período y como bien 2 al final del mismo.

Se llamará unidad de trabajo a la cantidad máxima de trabajo que sería capaz de realizar cualquiera de los dos consumidores durante el período. Se asignará el principio del período como única fecha de entrega posible para el trabajo, por lo cual le corresponderá una sola representación en la tercera clasificación, a la que nos referiremos como bien 3.

La dotación inicial del primer bien es igual a una unidad y está por completo en manos del primer consumidor. Por último, se supondrá que cada agente posee lo necesario para sobrevivir durante el período, y para simplificar los mapas de indiferencia se excluirán estas cantidades de ellos.

6.2. ANÁLISIS DE LA CONDUCTA DE LOS AGENTES

a] *La empresa*

La técnica de producción, en sus puntos eficientes, está descrita por la relación:

[6.2.1.] $$1/2\, b_1 + 1/2\, b_3 \to b_2$$

Ésta indica que para producir una unidad del bien 2 se requiere 1/2 unidad de cada uno de los otros dos bienes.

Dada la dotación inicial del bien 1 y las capacidades máximas de trabajo –se verá más adelante que sólo trabaja el consumidor 1–, se puede representar los puntos eficientes del conjunto de producciones posibles mediante las figuras 6.1. y 6.2.

Dada la convexidad del conjunto Z_1, el agente 1 podrá producir cualquier cantidad (q) de b_2 comprendida en el intervalo [0,2].

Se supondrá que el empresario recibe una cuota fija por su labor y que ésta se cubrió desde el principio del período. Por lo tanto su función se limita a establecer el nivel de producción que maximiza la ganancia de la empresa para cada sistema de precios, así como a establecer las ofertas y las demandas correspondientes, además de distribuir las utilidades.

De acuerdo con la relación [6.2.1.] la ganancia está determinada por la función

[6.2.2.] $q(p_2 - 1/2\ p_1 - 1/2\ p_3)$

Por ello, dado un sistema de precios, la empresa determina q de la siguiente manera. Considérese la relación:

[6.2.3.] $p_2 \geq 1/2\ p_1 + 1/2\ p_3$

a] Si se da la desigualdad estricta q = 2, ya que así se maximiza [6.2.2.] dadas las dotaciones iniciales.

b] Si se da la igualdad q puede adoptar cualquier valor en el intervalo [0,2] ya que en todos los casos la ganancia es nula.

c] Si [6.2.3.] no se verifica q = 0, ya que cualquier otro nivel la haría incurrir en pérdidas.

Dado que el valor mínimo de p_3 es cero, se deduce que habrá producción solamente si:

[6.2.4.] $p_2 > 1/2\ p_1$

puesto que, si $p_3 = 0$ la oferta de trabajo sería nula.

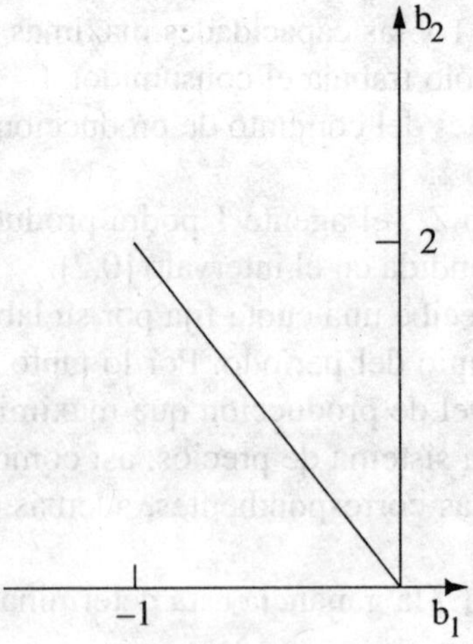

Figura 6.1.

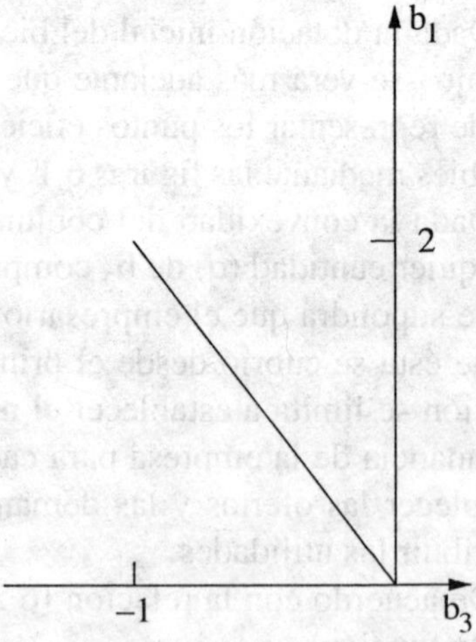

Figura 6.2.

b] *El consumidor 1*

El agente 2 posee 1 unidad de b_1 y la totalidad de las acciones de la empresa. A continuación, se considerarán sus mapas de indiferencia.

Las curvas de la figura 6.3. indican la cantidad del bien 1 que está dispuesto a ceder a cambio de diferentes cantidades del bien 2, para mantenerse en un nivel de utilidad dado. Puesto que se trata del mismo bien –en un sentido físico–, una cantidad cualquiera de b_1 le parecerá equivalente a una cantidad mayor de b_2 puesto que le resultará preferible poseer el bien al principio y no al final del período. Por este motivo las pendientes de estas curvas siempre serán inferiores a –1 en cualesquiera de sus puntos, y se supondrá que serán mayores a –2. El orden de preferencias de la figura 6.3 será estrictamente convexo.

De la descripción de la figura 6.3. se infiere que la oferta de b será nula para cualquier vector de precios en el cual $p_1 \leq p_2$. Por lo tanto, para que haya producción es necesario que se verifique:

[6.2.5.] $$p_1 > p_2$$

Las relaciones [6.2.4.] y [6.2.5.] restringen las variaciones posibles de los precios relativos de b_1 y b_2 compatibles con la producción.

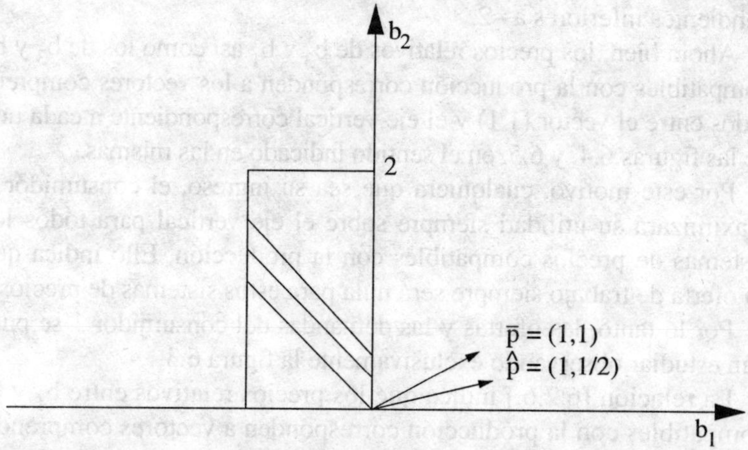

Figura 6.3.

Resumiéndolas, se obtiene:

[6.2.6.] $1/2\ p_1 < p_2 < p_1$

Por otra parte, de [6.2.5.] se infiere que se debe verificar:

$$1/2\ p_1 + 1/2\ p_3 > 1/2\ p_2 + 1/2\ p_3$$

Esto, junto con [6.2.3.] implica:

$$p_2 \geq 1/2\ p_2 + 1/2\ p_3$$

$\Rightarrow$

[6.2.7.] $p_2 \geq p_3$

En consecuencia, las variaciones del valor del trabajo en relación con b_2 quedan delimitadas por la relación:

[6.2.8.] $0 < p_3 \leq p_2$

Se considerarán ahora las ofertas posibles de trabajo del consumidor 1: las figuras 6.4. y 6.5. indican que, siendo un hombre muy rico, este consumidor aceptaría trabajar sólo si recibiera a cambio más de 2 unidades de b_2 (o de b_1) por cada unidad de trabajo. Por ello, las curvas de indiferencia de estas figuras poseen en todos sus puntos pendientes inferiores a –2.

Ahora bien, los precios relativos de b_3 y b_1 así como los de b_3 y b_2 compatibles con la producción corresponden a los vectores comprendidos entre el vector (1,1) y el eje vertical correspondiente a cada una de las figuras 6.4. y 6.5. en el sentido indicado en las mismas.

Por este motivo, cualquiera que sea su ingreso, el consumidor 1 maximizará su utilidad siempre sobre el eje vertical para todos los sistemas de precios compatibles con la producción. Ello indica que su oferta de trabajo siempre será nula para estos sistemas de precios.

Por lo tanto, las ofertas y las demandas del consumidor 1 se pueden estudiar observando exclusivamente la figura 6.3.

La relación [6.2.6.] indica que los precios relativos entre b_1 y b_2 compatibles con la producción corresponden a vectores comprendidos dentro del ángulo formado por $\bar{p}$ y $\hat{p}$ en esta figura.

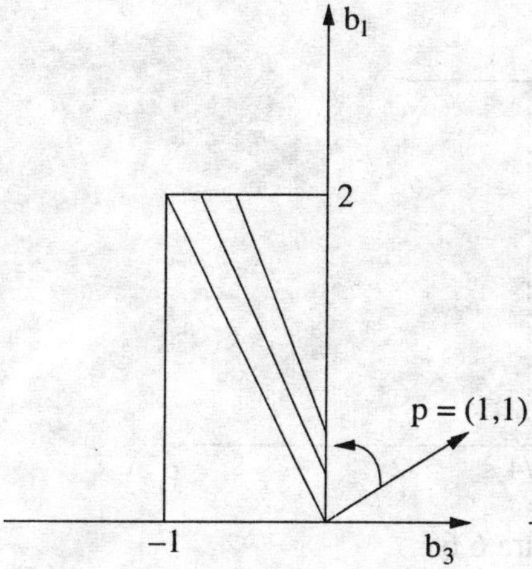

Figura 6.4.

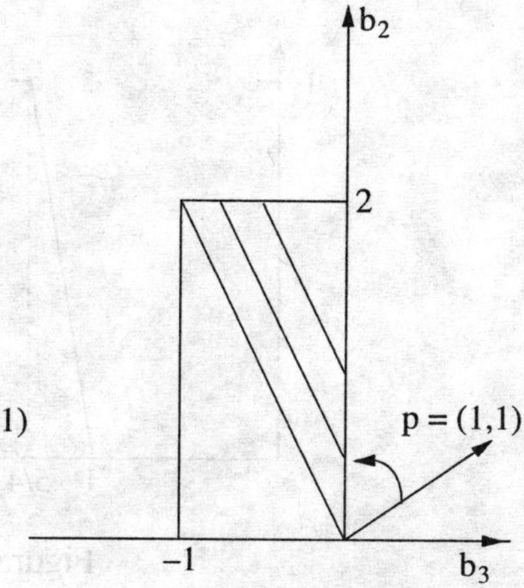

Figura 6.5.

Cuando el vector de precios gira desde su posición en $\bar{p}$ hasta $\hat{p}$, el precio de b_1 aumenta en términos de b_2, desde 1 hasta 2. Esto ocasiona que, dada la descripción que se hizo de las curvas de indiferencia, la oferta de b_1 aumente gradualmente desde 0 hasta 1.

Dado que la forma precisa de esta variación dependerá exclusivamente de la forma de las curvas de indiferencia, se simplificarán los cálculos suponiendo que cuando la ganancia es nula y el valor de p_1 está expresado en unidades de b_2, la oferta de b_1 se determina según la regla siguiente:

[6.2.9a.]	Si $p_1 < 1/.99$	la oferta es cero.
[6.2.9b]	Si $1/.99 \leq p_1 < 5/4$	la oferta es igual a $4(p_1 - 1)$
[6.2.9c]	Si $5/4 \leq p_1 \leq 2$	la oferta es igual a 1

Esta situación está representada en la figura 6.6., donde el eje vertical indica el nivel de la oferta y el horizontal el valor de b_1 en términos de b_2.

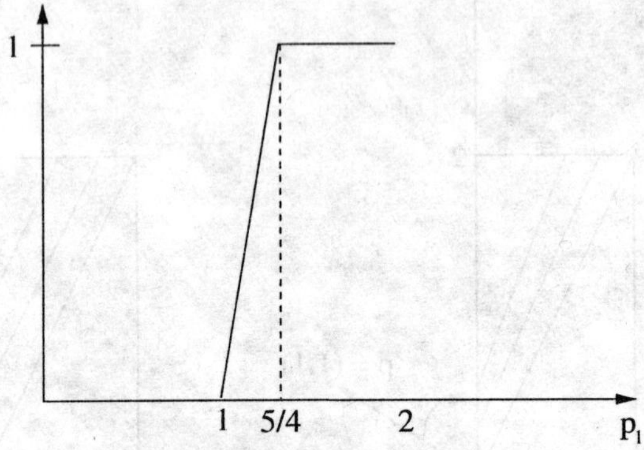

Figura 6.6.

c] *El consumidor 2*

Se supondrá que la dotación inicial de b_1 para el consumidor 2 es cero, y que no posee ninguna acción en la empresa. Consideraremos sus mapas de indiferencia:

Figura 6.7.

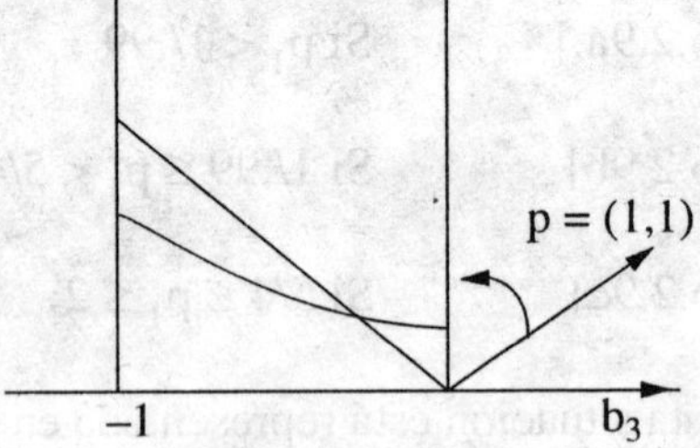

Figura 6.8.

Este consumidor, como el primero, prefiere una cantidad de b_1 a otra igual de b_2, sin embargo, esta preferencia es muy débil. De hecho, todas las clases de indiferencia de la figura 6.7. son rectas paralelas de pendiente igual a –1/.995 como la recta (I) de esta figura. Ahora bien, como lo establece [6.2.9a.] el precio de b_1 en términos de b_2 tiene que ser igual o superior a 1/.99, ya que de otra manera la oferta del bien 1 sería nula.

Por este motivo, cualquiera que sea el nivel de ingreso del consumidor 2, la recta de su presupuesto tendrá una pendiente inferior a –1/.99. Es decir, forma un ángulo con el eje vertical que será inferior al ángulo formado por este eje y la recta (II) de la figura 6.7. En consecuencia, dichas rectas alcanzarán siempre la clase de indiferencia más alta sobre el eje vertical, lo cual implica que la demanda de b_1 por parte del consumidor 2 será nula para todos los niveles de precios compatibles con la producción.

Por estas razones, para conocer la conducta del consumidor 2 basta con interpretar la figura 6.8. Como lo señala la relación [6.2.8.] el precio del trabajo compatible con la producción debe ser inferior al de p_2, por lo cual estudiaremos solamente lo que ocurre cuando el vector p gira en la dirección indicada en la figura 6.8. hasta colocarse en la vertical.

Si se supone que las relaciones de preferencia son estrictamente convexas, habrá una sola combinación de ofertas y demandas que maximicen su utilidad para cada posición de p. Por otra parte, si se supone que el valor de las pendientes de dichas curvas se sitúa siempre entre –1 y 0, nuestro agente alcanzará su utilidad más alta en puntos interiores de su conjunto de consumo para varias posiciones de p, y escogerá el origen cuando p alcance la vertical.

La forma precisa de la actuación de este consumidor dependerá de la forma de sus curvas de indiferencia. Para simplificar los cálculos se supondrá que:

[6.2.10.] La oferta de trabajo es igual al valor de b_3 en términos de b_2.

Esta situación está representada en la figura 6.9, en cuyo eje vertical se mide la oferta de trabajo y en el horizontal el valor de b_3 en términos de b_2.

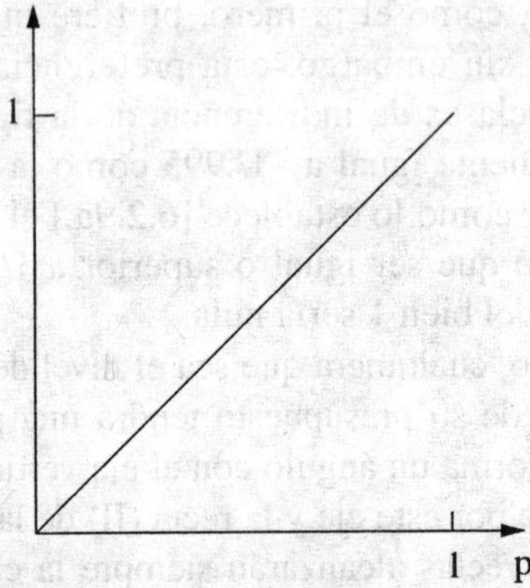

Figura 6.9.

Por otra parte, dado el precio relativo de b_1 y b_2, el valor máximo que puede alcanzar b_3 está determinado por la ecuación:

[6.2.11.] $$p_2 = 1/2\ p_1 + 1/2\ p_3$$

Es decir, el valor máximo que puede alcanzar b_3 es el salario correspondiente al nivel cero de ganancia. Se miden los precios en unidades de b_2, se puede escribir [6.2.11.] bajo la forma:

$$1 = 1/2\ p_1 + 1/2\ p_3$$

$\Rightarrow$

$$p_3 = 2 - p_1$$

Ahora bien, puesto que, según [6.2.10.] cuando la ganancia es cero y p_3 está dado en términos de p_2, su valor es igual al de la oferta de trabajo, la función [6.2.12.] indicará el nivel de dicha oferta, dado el valor de p_1 en términos de b_2:

[6.2.12.] $$2 - p_1$$

Esta situación está representada en la figura 6.10, en donde el nivel de la oferta de trabajo se mide en el eje vertical y el valor de p_1 en el eje horizontal.

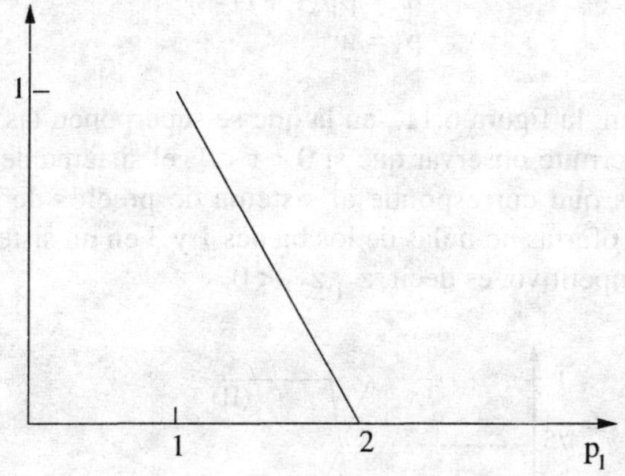

Figura 6.10.

6.3. K-EQUILIBRIOS CON RACIONAMIENTO Y PRECIOS DE PRODUCCIÓN

En esta sección se reservará la notación $z_b = (z_{b1},z_{b2},z_{b3})$ para el vector escogido por el agente b dentro de su conjunto Z_b –es decir, sin restricciones– cuando rige en el mercado un sistema de precios dado. El vector z* conservará la definición que se le asignó en la sección 5.2. y se utilizará la notación $z_b' = (z_{b1}',z_{b2}',z_{b3}')$ para representar a $\zeta_b(z^*)$.

Sean *p* y *w* los precios de contado de una unidad del bien producido y del trabajo, respectivamente. La ecuación:

$$p(1 + r) + w(1 + r) = 2p$$

nos permite determinar el sistema de precios de producción correspondiente a cualquier nivel de r dado. También se infiere de ella que el valor máximo de la tasa de ganancia es 1.

Por otra parte, si se supone que r = i las siguientes ecuaciones permiten determinar el sistema de precios actualizados al principio del período, para cada nivel de r:

$$p_1 = p$$

$$p_2 = p_1/(1 + r) \quad y$$
$$p_3 = w$$

Ahora bien, la figura 6.11., en la que se superponen las figuras 6.6. y 6.10., permite observar que si $0 < r < 1$, el sistema de precios actualizados que corresponde al sistema de precios de producción suscitaría ofertas no nulas de los bienes 1 y 3 en un sistema de mercados competitivo, es decir, $z_{21}, z_{33} < 0$.

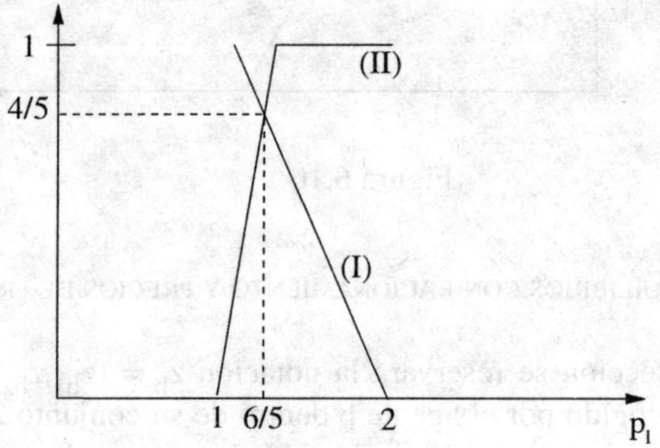

Figura 6.11.

Por lo anterior, se considerarán solamente los valores de r comprendidos dentro del intervalo señalado, y se supondrá que en el mercado rige el sistema de precios actualizados correspondiente, que es único para cada r.

En estas condiciones, existe una situación de k-equilibrio con precios de producción para cada r dado, que se define a continuación:

Sea $a = \text{mín}\,(z_{21}, z_{33})$, los vectores de transacciones realizables son:

$$z_1{}^* = (a, -2a, a)$$
$$z_2{}^* = (a, -ap_1/p_2, 0)$$
$$z_3{}^* = (0, -ap_3/p_2, a)$$

De acuerdo con el sistema de racionamiento expuesto en la sección 5.1., las restricciones para el agente 1 en cada mercado están definidas por la oferta y la demanda totales de cada bien. Una vez que conoce sus límites, el agente 1 escoge un vector de transacciones que, en caso de no ser nulo, disminuye las opciones iniciales definiendo así las posiblidades del agente 2. Por último, la elección del segundo agente, en caso de no ser la inactividad completa, restringe aún más los intervalos dentro de los cuales el tercer agente puede llevar a cabo sus transacciones.

Si en estas condiciones los agentes 1 y 2 escogen los vectores z_1* y z_2* que caracterizan la situación realizable –lo que se demostrará más adelante– las opciones abiertas a cada agente en cada mercado serían las siguientes:

$T_1(z^*)$:	$\alpha_{11} = a$	$\alpha_{12} = 2a$	$\alpha_{13} = a$
	$\omega_{11} = -a$	$\omega_{12} = -a(p_1 + p_3)/p_2$	$\omega_{13} = -a$
$T_2(z^*)$:	$\alpha_{21} = a$	$\alpha_{22} = 0$	$\alpha_{23} = a$
	$\omega_{21} = 0$	$\omega_{22} = -2a$	$\omega_{23} = 0$
$T_3(z^*)$:	$\alpha_{31} = 0$	$\alpha_{32} = 0$	$\alpha_{33} = a$
	$\omega_{31} = 0$	$\omega_{32} = -2a + ap_1/p_2$	$\omega_{33} = 0$

A partir de estas restricciones se obtiene el siguiente conjunto de demandas excedentes:

$$z_1' = (a,-2a,a)$$
$$z_2' = (z_{21}',-ap_1/p_2,0)$$
$$z_3' = (0,-ap_3/p_2,a)$$

Conviene señalar que la demanda excedente del productor no está definida de manera unívoca, debido a que el monto de la ganancia es igual a cero para todos sus puntos eficientes realizables, a causa de la igualdad entre r e i (véase el comentario número 1 al teorema 5). Sin embargo, como se verá más adelante, el vector z' es uno de los vectores de demanda excedente posibles para este agente.

Por último, si a partir de la situación anterior los agentes 1 y 2 escogen sucesivamente los vectores z_1* y z_2* después de conocer sus respectivas restricciones –lo que se demostrará más adelante–

los límites determinados por el sistema de racionamiento a partir de z' son las siguientes:

$T_1(z')$:	$\alpha_{11} = z_{21}'$	$\alpha_{12} = 2a$	$\alpha_{13} = a$
	$\omega_{11} = -a$	$\omega_{12} = -a(p_1 + p_3)/p_2$	$\omega_{13} = -a$
$T_2(z')$:	$\alpha_{21} = a$	$\alpha_{22} = 0$	$\alpha_{23} = a$
	$\omega_{21} = -z_{21}' + a$	$\omega_{22} = -2a$	$\omega_{23} = 0$
$T_3(z')$:	$\alpha_{31} = 0$	$\alpha_{32} = 0$	$\alpha_{33} = a$
	$\omega_{31} = -z_{21}' + a$	$\omega_{32} = -2a + ap_1/p_2$	$\omega_{33} = 0$

Para demostrar que la situación que acabamos de presentar es un k-equilibrio con precios de producción es suficiente con verificar que:

a] $z' = \zeta(z^*)$
b] $z^* = M(z^*)$
c] $z^* = F(z')$,

Obsérvese que para verificar b] y c] es suficiente con demostrar que cada agente escoge el vector z_b^*, correspondiente tanto si considera el vector $T_b(z^*)$ como si considera $T_b(z')$. En efecto si ocurre lo primero para cada b entonces $z^* = M(z^*)$ y si ocurre lo segundo entonces $z^* = M(z')$. Ambos resultados implican que $z^* = F(z')$, de acuerdo con la definición (véase el apéndice A.B.1).

Por otra parte, al demostrar lo anterior se verifica también que las restricciones ya señaladas para las transacciones de cada agente son efectivamente las que les corresponden, ya que, como se señaló, dichas restricciones han sido definidas bajo el supuesto de que los agentes 1 y 2 escogían respectivamente los vectores z_1^* y z_2^* a partir, tanto de z^* como de z'.

a] Para verificar este inciso se considerarán sucesivamente a los tres agentes:

Empresa: Si el empresario considera sus opciones tomando en cuenta sus restricciones en el mercado 2, pero no en los mercados 1 y 3, cuyas fechas de entrega son anteriores, puede obtener una ganancia nula con cualquier punto eficiente cuyo volumen de producción sea inferior o igual a –2a unidades del bien 2. Por este motivo, la primera y la tercera coordenadas del vector z' corresponden a sus demandas efectivas posibles.

De manera análoga, si considera sus restricciones en los mercados 1 y 3 pero no en el mercado 2, cuya fecha de entrega es posterior, observaría que puede maximizar su ganancia con cualquier punto eficiente en el que las demandas no excedan a –a unidades de cualquiera de sus insumos. Por este motivo, la oferta de –2a unidades del bien 2 forma parte de sus demandas efectivas posibles.

Consumidor 1: Si este agente considera su restricción en el mercado del bien 2 pero no en los otros dos, podrá escoger cualquier vector de Z_2 cuya demanda del bien 2 no exceda a –2a unidades. Ahora bien, si no existiera esta restricción escogería un vector en el que su oferta del bien 1 –en valor absoluto– sería mayor o igual a –a, por lo que el vector que maximiza su utilidad tiene una primera coordenada z_{21}' tal que $z_{21} \leq z_{21}' \leq a$. Por otra parte, por los argumentos que se señalan en la sección 6.2., su oferta del bien 3 es igual a cero.

Si ahora considera sus restricciones en los mercados 1 y 3 pero no en el mercado 2 quedan dos casos posibles:

El primero se presenta cuando $z_{21} = a$, con lo cual el vector que maximiza su utilidad es el mismo que escogería si no hubiera restricciones. Por ello su demanda del bien 2 es igual al monto de su presupuesto, es decir $-ap_1/p_2$.

El segundo caso posible es cuando $z_{21} < a$, que se analizará haciendo referencia a la figura 6.12.:

Si el agente 2 no estuviera restringido escogería un punto (z_2) que se encuentra a la izquierda del punto (a,0). Esto implica que la recta de su presupuesto (I) tiene una pendiente superior a las de todas las curvas de indiferencia que toca a la derecha de la vertical que pasa por (a,0) .

De esto se infiere que el nivel de utilidad más alto posible corresponde al punto en el que la recta del presupuesto cruza con esta vertical. En consecuencia, su demanda del bien 2 será igual al número de unidades de este bien que pueda comprar con sus ingresos, es decir $-ap_1/p_2$.

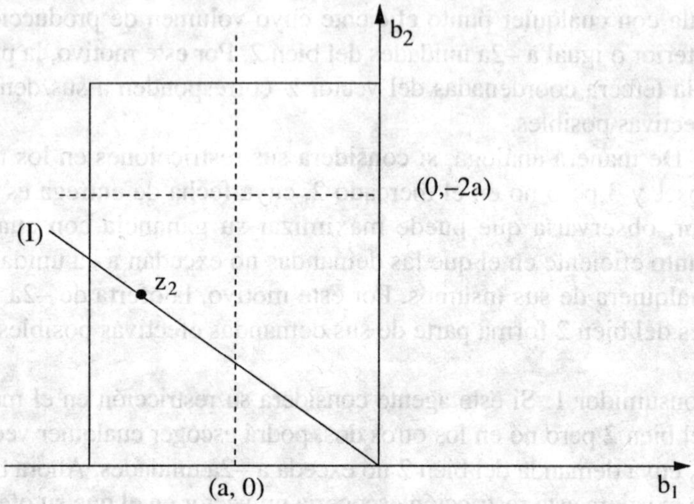

Figura 6.12.

Consumidor 2: Si este agente considera su restricción en el mercado del bien 2 pero no en los otros dos, podrá escoger cualquier vector de Z_2 cuya demanda del bien 2 no exceda a $-2a + ap_1/p_2$ unidades. En esta situación, como en el caso del consumidor 1, se pueden distinguir dos posibilidades:

La más sencilla se da cuando $z_{33} = a$, puesto que en este caso el consumidor 2 haría una oferta de a unidades del bien 3 si pudiera gastar todo el ingreso correspondiente en la compra de unidades del bien 2, ya que, según la sección 6.2., sus transacciones en el primer mercado son nulas. Ahora bien, esto es posible ya que, como la ganancia es nula, queda $-2ap_2 + ap_1 + ap_3 = 0$, lo cual implica que $-2a + ap_1/p_2 = -ap_3/p_2$.

La segunda posibilidad ocurre cuando $z_{33} < a$, y para analizarla se considerará la figura 6.13.

Si no existiese la restricción en el mercado 2, el agente escogería un punto (z_3) que se encuentra por encima de la recta horizontal que pasa por el punto $(0,-2a + ap_1/p_2)$. Pero dada ésta, deberá elegir otro punto que se encuentre sobre su recta del presupuesto (I), ya que cualquier punto por debajo de ella dejaría de maximizar su utilidad.

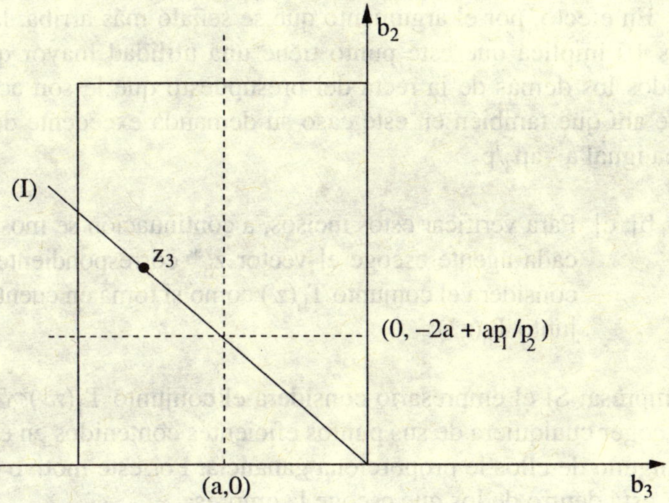

Figura 6.13.

Ahora bien, este punto es necesariamente el punto de intersección de la recta (I) y la recta horizontal de ordenada igual a la restricción. En efecto, éste se encuentra en cualquier segmento de recta que una a z_3 con un punto que esté sobre la recta del presupuesto, y por abajo de la horizontal aludida. Esto implica, de acuerdo con la hipótesis 10, que su utilidad es mayor.

En consecuencia, también en este caso el agente hace una oferta de a unidades del bien 3 y una transacción nula del bien 1.

Por otra parte, si este consumidor considera sus restricciones en los mercados 1 y 3 sin atender a su restricción en el mercado 2, también se deben distinguir los dos casos que se acaban de señalar.

En el primero –si $z_{33} = a$–, el agente actuará igual que en la ausencia de restricciones por lo que su demanda del bien 2 será igual a $-ap_3/p_2$.

Si, en cambio $z_{33} < a$, este consumidor escogería un punto (z_3) que se encuentra a la izquierda del punto (a,0) en el caso de que no hubiera restricción en el tercer mercado (véase la figura 6.13.). Como este punto estaría sobre su recta del presupuesto, el punto de cruce de esta recta con la vertical que pasa por (a,0) maximiza su utilidad bajo sus restricciones.

En efecto, por el argumento que se señaló más arriba, la hipótesis 10 implica que este punto tiene una utilidad mayor que la de todos los demás de la recta del presupuesto que le son accesibles. De ahí que también en este caso su demanda excedente del bien 2 sea igual a $-ap_3/p_2$

b], c] Para verificar estos incisos, a continuación se mostrará que cada agente escoge el vector z_b* correspondiente tanto si considera el conjunto $T_b(z')$ como si toma en cuenta el conjunto $T_b(z^*)$:

Empresa: Si el empresario considera el conjunto $T_1(z^*) \cap Z_1$ puede escoger cualquiera de sus puntos eficientes contenidos en él, ya que ninguno de ellos le proporciona ganancia. Por este motivo el vector z* está dentro de los que escoge la empresa.

Por otra parte, $z_{21}' \leq a$, como se indicó en la demostración del inciso a. Por esta razón, el conjunto $T_1(z') \cap Z_1$ ofrece las mismas opciones que el anterior, eventualmente con algunas más en las que la cantidad del bien 1 que puede comprar el empresario es mayor. Sin embargo, como la cantidad máxima que puede adquirir del bien 3 es la misma en los dos casos, al igual que la cantidad máxima del bien 2 que puede vender, si escoge un punto que se encuentre en el segundo conjunto de restricciones pero no en el primero, incurrirá en una pérdida. Por esta razón los planes de producción que maximizan su ganancia son los mismos bajo los dos sistemas de restricciones, lo cual implica que su elección también lo es.

Consumidor 1: En primer lugar, los planes contenidos en los dos conjuntos de restricciones son los mismos, salvo por el hecho de que el segundo contiene eventualmente algunos en los que la demanda del bien 1 puede ser mayor para este agente (si $z_{21}' < a$).

Se considerará primero el caso en el que $z_{21} = a$. En estas condiciones, puede escoger dentro de ambos conjuntos de restricciones el mismo vector que escogería si no hubiera racionamiento, es decir, en ambos casos su elección es el vector z_2^*.

Para analizar el caso en el que $z_{21} < a$, se recurrirá de nuevo a la figura 6.12. En caso de no haber restricciones, el consumidor 1 escogería un punto (z_2) que se encuentra a la izquierda de (a,0). Como se indicó más arriba, la hipótesis 10 permite afirmar que el punto de intersección de su recta del presupuesto (I) con la vertical que pasa por (a,0) es preferible a todos los puntos de dicha recta que se encuentran a la derecha de esta vertical. Por esta razón, el agente escogería el vector z_2* dentro de cualquiera de los dos conjuntos de restricciones.

Consumidor 2: Como en el caso anterior los dos conjuntos de restricciones difieren sólo por el hecho de que en uno de ellos las demandas del bien 1 pueden ser eventualmente más grandes (si $z_{21} < a$]. Se considerarán a continuación, y de manera sucesiva, los dos casos posibles:

Si $z_{33} = a$, este consumidor haría una oferta de a unidades del bien 3 siempre que pudiera demandar un número de unidades del bien 2 equivalente al total de su ingreso. Ahora bien, éste es el caso ya que $-2a + ap_1/p_2 = -ap_3/p_2$ como se demostró más arriba, por lo que el agente escogería el vector z_3* en ambos conjuntos de restricciones.

Por último, si $z_{33} < a$, el consumidor 2 escogería el vector z_3 de la figura 6.13., si no tuviera restricciones. Por un razonamiento similar al que se presentó en el caso anterior, se infiere que en estas condiciones el punto de cruce de su recta de presupuesto con la vertical que pasa por el punto (a,0) maximiza su utilidad dentro de ambos conjuntos de restricciones. En consecuencia, en ambos casos escoge el vector z_3*.

7. K–EQUILIBRIOS CON PRECIOS DE PRODUCCIÓN

En este capítulo se estudiarán las condiciones de existencia de situaciones de equilibrio con racionamiento en las que se adoptan sistemas de precios de producción así como algunas de sus características.

Como se verá, se llega a demostrar la existencia de situaciones que se acercan a la definición de los k–equilibrios con tanta aproximación como se desee y en las cuales, además, rige en los mercados un sistema de precios de producción que corresponde a una pareja (i,r) escogida arbitrariamente.

Cabe destacar que este resultado no garantiza que en dichas situaciones se lleven a cabo efectivamente procesos de producción ya que, entre otras cosas, el valor de i dado puede ser superior al de r, lo cual hace muy difícil que las empresas alcancen ganancias positivas si su tasa de ganancia es igual a r (véase el primer comentario al teorema 5).

Queda aún por explorar cuáles son las condiciones necesarias para que, efectivamente, se lleven a cabo transacciones en las situaciones de equilibrio establecidas. Este problema parece muy arduo y nuestro resultado lo comparte con la mayoría de los equilibrios cuya existencia se ha demostrado. Sin embargo, hasta tanto reciba una solución teórica, es posible explorar la existencia de estos equilibrios en modelos empíricos.

El interés por hacerlo reside en que las situaciones aludidas son, a la vez, deseables y posibles para los agentes, si se consideran los diferentes tipos de restricciones que enfrentan dentro del modelo.

Por otra parte, en la medida en que dichas restricciones se consideren representativas de fenómenos reales, el cálculo de los equilibrios aludidos permite identificar los sistemas de precios estables hacia los cuales puede orientarse la economía en el corto plazo, lo que interesa a la política económica.

Además de lo anterior, cuyo verdadero alcance esta todavía por aclararse, el resultado que se presenta en este capítulo tiene también interés para los estudiosos de la historia del pensamiento económico, ya que establece un vínculo lógico entre la teoría de los precios de producción, de inspiración clásica, y la teoría neoclásica.

7.1. K-EQUILIBRIOS CON PRECIOS DE PRODUCCIÓN

Se representará con i la tasa anual de interés con capitalización continua. De esta manera, dado un sistema de precios de contado para los bienes de la segunda clasificación, se obtiene el sistema de precios actualizados al principio del período para los bienes de la tercera clasificación, mediante las fórmulas del siguiente tipo:

$$p_h = p_j / e^{i(t/T)}$$

Aquí h es el índice que corresponde a la pareja (t,j).

Un k-equilibrio con precios de producción se define como un k-equilibrio que presenta, además de las dos ya señaladas, las propiedades siguientes:

c] $\alpha(p, z^*) = 0$

d] $\sum_{h \in Cj} D_h(z) > \sum_{h \in Cj} S_h(z)$ solamente si $p_j = \bar{p}_j$ y

e] $\sum_{h \in Cj} D_h(z) < \sum_{h \in Cj} S_h(z)$ solamente si $p_j = \underline{p}_j$

La notación $h \in C_j$ indica que las sumatorias deben tomar en cuenta solamente los índices de la tercera clasificación, que corresponden al bien j considerado en cada caso. Cabe agregar que las demandas y las ofertas de esta definición hacen referencia al vector z.

De lo anterior, se sigue que en un k-equilibrio de este tipo el sistema de precios considerado es un sistema de precios de producción para z*. Además, los precios no pueden variar, dentro de los límites adoptados, para reducir la diferencia entre las ofertas y las demandas en el vector z.[1]

Intuitivamente, un k-equilibrio con precios de producción se puede concebir como un punto estacionario de un proceso de ajuste de cantidades y de precios en el cual, a partir de un vector de demandas efectivas z, los agentes perciben los límites para las transacciones realizables definidos por los conjuntos $T_b(z^*)$. Tomándolos en consideración, reformulan un vector de demandas efectivas igual a z, en el cual la oferta y la demanda son iguales en cada mercado, con la excepción eventual de aquellos en los que los precios se encuentran constreñidos por los límites de su intervalo de variaciones posibles.

El siguiente teorema establece una relación entre los precios de producción y las situaciones de equilibrio con racionamiento:

Teorema 5. Para todo $\delta > 0$ y para toda pareja (i,r) dadas, existe un vector (p,z,z^*) en donde $p \in P$, z y z^* pertenecen a Z y un número $\eta \in N$ tales que

a] $\sum_{h \in Cj} D_h(z) > \sum_{h \in Cj} S_h(z)$ solamente si $p_j = \bar{p}_j$

b] $\sum_{h \in Cj} D_h(z) < \sum_{h \in Cj} S_h(z)$ solamente si $p_j = \overline{p}_j$

c] $z = \zeta(z^*)$

d] $z^* = \underbrace{M(M(\ldots M(z))}_{\eta \text{ veces}}$

e] $\alpha(p,z^*) + \sum_h |D_h(z^*) - S_h(z^*)| < \delta$

Prueba. Véase el apéndice B.2.

Este teorema muestra la existencia de situaciones en las que las cuatro primeras propiedades corresponden a la definición de los k-

[1] Véase J. Dreze (1975).

equilibrios con precios de producción, mientras que la quinta señala que el valor de α, así como también el valor absoluto de la diferencia entre la oferta y la demanda en cada mercado, puede ser tan cercana a cero como se desee.

Conviene agregar que en la demostración que se presenta en el apéndice B se modifica ligeramente el sistema de racionamiento en cuanto a las restricciones a las demandas. Esta modificación es una función de δ que permite acercar el sistema modificado del original tanto como se desee.

En consecuencia, este teorema prueba la existencia de situaciones que corresponden a la definición de los k-equilibrios con precios de producción, con un grado de aproximación tan alto como se desee.

En un trabajo precedente[2] se presentó un teorema similar al anterior, pero en el cual el valor de δ adoptado era igual a cero y no se consideraba el número de veces que había que aplicar el proceso de racionamiento para pasar de la situación inicial z al vector de transacciones efectivas z*.

Esta nueva versión salva algunas debilidades de la demostración de dicho teorema, que sería difícil tratar de superar en este texto. Cabe también señalar que, a medida que se consideran valores de δ cada vez más pequeños, el número η podría tender a infinito.

Por este motivo, la versión que aquí se presenta parece más adecuada para una eventual identificación empírica de este tipo de equilibrios. En efecto, permite establecer una combinación óptima entre el grado de precisión requerido, determinado por δ, y el número η, ya que éste crece a medida que δ disminuye, como se puede suponer a partir de lo expuesto en la demostración del lema 13.

Por otra parte, cabe observar que los intervalos de variación de los precios pueden tener cualquier magnitud. En particular, pueden tener una amplitud nula, lo cual significa que el teorema 5 demuestra la existencia de los equilibrios estudiados para sistemas de precios fijos como un caso particular.

Esta circunstancia revela la posibilidad de que un buen número de los equilibrios que se establecen de esta manera podrían consis-

[2] Véase A. Benítez (1993).

tir en situaciones en las que no se lleva a cabo ninguna transacción.

Por este motivo, en tanto se definen las condiciones necesarias para que estos equilibrios incluyan transacciones no nulas, queda la posibilidad de explorar la frecuencia con que éstas se presentan mediante el uso de modelos computables. Sin embargo, ambas tareas quedan fuera del alcance del presente trabajo.

Por último, conviene señalar que a primera vista no parece muy difícil introducir algunas modificaciones en la demostración del teorema 5, para permitir que las tasas de interés y de ganancia, o bien sólo una de ellas, tuvieran un margen de variación al igual que los precios.

Esto ampliaría las posibilidades de analizar las relaciones entre las diferentes variables del modelo pero también quedará pendiente para futuras investigaciones.

7.2. ALGUNAS PROPIEDADES DE LOS K-EQUILIBRIOS CON PRECIOS DE PRODUCCIÓN

A continuación se presentan cuatro comentarios en los que se hace referencia a situaciones de equilibrio que satisfacen las condiciones del teorema 5. Para simplificar la exposición, se supondrá que $\delta = 0$.

1. Si $i = r$ el volumen de ganancia es igual a cero.

Para simplificar las fórmulas, se escribe $\bar{e}_t = 1/e^{i(t/T)}$ para cada t. De esta forma, si se multiplican ambos lados de la ecuación [2.3.2.] por $\bar{e}_T$ se obtiene:

$$\left(\sum_t K_t e_t\right)\bar{e}_T = \left(\sum_t V_t e_t\right)\bar{e}_T$$

Puesto que $r = i$, para cada t, $e_t\,\bar{e}_T = [e^{r(1-t/T)}]/[e^r] = \bar{e}_t$ De allí, que se pueda escribir esta ecuación bajo la forma $\sum_t K_t \bar{e}_t = \sum_t V_t \bar{e}_t$ lo que significa que el valor actualizado de las compras es igual al valor actualizado de las ventas y, por lo tanto, la ganancia es igual a cero.

2. Si $i < r$ la tasa de ganancia puede variar de una empresa a otra.

En efecto, en este caso las empresas pueden obtener ganancias superiores a cero con cualquier tasa de ganancia comprendida en el intervalo $]i,r]$. Por otra parte, si dentro de una rama hubiera una empresa que obtiene una tasa de ganancia inferior a r habría necesariamente otra empresa de la misma rama cuya tasa de ganancia es superior a r.

3. Si $i = r$, una condición necesaria para que una empresa produzca cantidades no nulas de algún bien es que no tenga rendimientos decrecientes a escala. Esta condición no es necesaria si $i < r$.

En efecto, partamos del supuesto de que una empresa cuyos rendimientos son decrecientes a escala adopta un plan de equilibrio z_b^* en donde se produce una cantidad no nula de algún bien.

En este caso, para todo $t \in]0,1[$ el vector tz_b^* no es un punto eficiente ya que si lo fuera habría rendimientos constantes a escala (véase la fig. 7.1.).

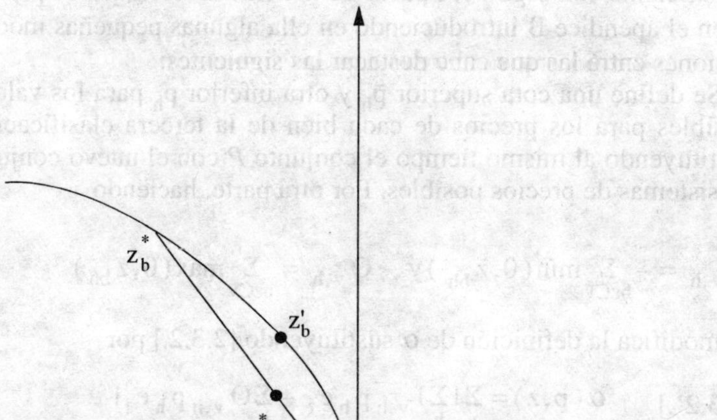

Figura 7.1.

Por lo tanto, existe un punto $z'_b \geq tz^*_b$ y tal que $z'_b \neq tz^*_b$. Esto significa que $z'_b p^* > (tz^*_b)p^*$ ya que $p^* > 0$, y puesto que –según el comentario 1– $(tz^*_b)p^* = z^*_b p^* = 0$ concluimos que $z'_b p^* > z^*_b p^*$ lo cual implica que z^*_b no maximiza la ganancia y, por lo tanto, no puede ser un plan de equilibrio.

Por otra parte, si $i < r$ el volumen de ganancia de las empresas puede ser superior a cero. Por este motivo, aun cuando haya rendimientos decrecientes a escala, el empresario no aumenta necesariamente su ganancia disminuyendo la escala en la que produce. En consecuencia, en este caso los rendimientos constantes a escala no son una condición necesaria para que se produzcan cantidades superiores a 0.

4. A partir de la definición presentada en la sección 2.1. se puede considerar la siguiente definición alternativa de precios de producción.

Se suprime b] y se conservan a] y c].

No es difícil –aunque puede ser tedioso– verificar que el teorema 5 también es válido si se adopta esta definición alternativa. Para ello, es suficiente con seguir los pasos de la demostración que se presenta en el apéndice B introduciendo en ella algunas pequeñas modificaciones entre las que cabe destacar las siguientes:

Se define una cota superior $\overline{p}_h$ y otra inferior $\underline{p}_h$ para los valores posibles para los precios de cada bien de la tercera clasificación, sustituyendo al mismo tiempo el conjunto *P* con el nuevo conjunto de sistemas de precios posibles. Por otra parte, haciendo

$$I_{v,h} = -\sum_{b \varepsilon C\overline{v}} \text{mín}(0, z_{bh})\text{y} \quad O_{v,h} = \sum_{b \varepsilon C\overline{v}} \text{máx}(0, z_{bh})$$

se modifica la definición de α sustituyendo [2.3.2.] por

$$[2.3.2'.] \qquad \alpha(p,z) = \sum_v \left| \sum_h I_{v,h} p_h e_t - \sum_h O_{v,h} p_h e_t \right|$$

en donde t corresponde a h.

Por último, se redefine la función U asociando a cada p el sistema de precios p' determinado de la manera siguiente:

a] $p_1' = 1$ y

b] $p_h' = p_h + \text{máx}\ [0, [(D_h - S_h)/(1 + D_h + S_h)](\bar{p}_h - p_h) +$

$$+ \text{mín}\ [0, [(D_h - S_h)/(1 + D_h + S_h)](p_h - \underline{p}_h)$$

para todo $h > 1$.

En esta fórmula D_h y S_h son definidos con relación al vector z de q.

8. LA DISTRIBUCIÓN DEL INGRESO

En este capítulo se estudiarán algunos aspectos de la distribución del ingreso como función de la tasa de ganancia. Para ello se hará referencia a una situación de k-equilibrio con precios de producción en donde el vector z* correspondiente es productivo. Por otra parte, en este capítulo y el siguiente se considerarán fijos este vector y los coeficientes ψ_κ.

La adopción de estas hipótesis facilita el análisis ya que permite estudiar los temas abordados con relación a un sistema de tipo [2.3.1.] cuyos coeficientes se consideran fijos. Sin embargo, puesto que las variaciones de r pueden hacer cambiar la situación de los mercados, se deben considerar nuestros resultados como el fruto de una aproximación parcial a los problemas tratados.

En la primera sección se formulan las definiciones de producto neto y de capital, para establecer una relación matemática bastante simple entre ambas y la tasa de ganancia.

Esta relación es estudiada en la siguiente sección y, también en ella, se definen algunos aspectos de la representación geométrica de la distribución del ingreso entre salarios y ganancia, como función de la tasa de ganancia.

En la tercera sección se utilizan los análisis precedentes para identificar la (o las) tasas de ganancia que permiten la verificación del teorema de Clark-Wicksteed. Este resultado es importante porque permite determinar la (o las) tasas de ganancia susceptibles de corresponder a situaciones de equilibrio.

Por otra parte, el mismo resultado permite mostrar que es posible determinar en forma simultánea la distribución del ingreso y el valor del capital sin caer necesariamente en un círculo vicioso, contrariamente a lo que suponía un gran número de economistas a raíz de la crítica de J. Robinson (1954) a la teoría neoclásica de la distribución del ingreso.[1]

[1] Para una revisión de la literatura sobre este tema, véase G.C. Harcourt (1972).

A su vez, en la última sección se establece un teorema que permite identificar los grupos de interés económico desde el punto de vista de su participación en la producción y en la distribución de la propiedad de los medios de producción.

Este resultado es importante, entre otras cosas, porque permite delimitar aquellos intervalos de variación del salario en los que la separación de los agentes económicos en clases resulta pertinente desde el punto de vista de distribución del ingreso. Como se verá, no ocurre esto para cualquier nivel de salarios, contrariamente a lo que se supone en la tradición económica que se inspira de los trabajos de Karl Marx.

8.1. EL PRODUCTO NETO

Al hacer la suma, miembro a miembro, de las V ecuaciones de tipo [2.3.1.] se obtiene:

$$\sum_{v}\sum_{j}\sum_{t} I_{t,v,j}\, p_j e_t = \sum_{v}\sum_{t}\sum_{j} O_{t,v,j}\, p_j e_t$$

Esto implica que

$$[8.1.1.]\quad \sum_{v}\sum_{j=1}^{n}\sum_{t} I_{t,v,j}\, p_j (e_t - 1) + \sum_{v}\sum_{j=n+1}^{n}\sum_{t} I_{t,v,j}\, p_j e_t$$

$$= \sum_{v}\sum_{t}\sum_{j} O_{t,v,j}\, p_j e_t - \sum_{v}\sum_{j=1}^{n}\sum_{t} I_{t,v,j}\, p_j$$

El lado derecho de la última ecuación indica la diferencia entre el valor capitalizado de los bienes producidos durante el período y el valor de la suma de las inversiones en bienes del mismo tipo. A partir de aquí se hará alusión a esta diferencia cuando se hable del producto neto. Por su parte, el primer término del lado izquierdo de la misma ecuación es el valor capitalizado de las ganancias que corresponden a las inversiones en bienes producidos, mientras que el siguiente es el valor capitalizado de los ingresos percibidos por concepto de bienes no producidos.

En lo sucesivo se utilizará el producto neto como unidad de medida de los precios y, con el fin de simplificar las referencias, se llamará capital al valor de la inversión que, efectuada en cada fecha del año, produce un monto de ganancia equivalente al que corresponde a la inversión en bienes producidos. De esta manera, si se representa el capital con K, se obtiene la ecuación siguiente:

$$K = \left[\sum_{v} \sum_{j=1}^{n} \sum_{t} I_{t,v,j}\, p_j \left(e_t - 1 \right) \right] / \sum_{t} \left(e_t - 1 \right)$$

Por otra parte, se representa con w el segundo término del lado izquierdo de [8.1.1.]. De esta manera, se puede escribir dicha ecuación bajo la forma

$$[8.1.2.] \qquad K \sum_{t} (e_t - 1) + w = 1$$

Ésta nos indica, de una manera sencilla, que la suma de los ingresos correspondientes a los diferentes factores de la producción es igual al producto neto para cada $r \in [0,R[$.

Como se señala en la sección 3.4. el valor de todos los bienes no producidos tiende a cero, al menos con respecto a uno de los bienes producidos, cuando r tiende a R. Ya que dicho bien forma parte de una clase, las ganancias correspondientes a su utilización en la producción también tienden a infinito en términos de todos los bienes no producidos, cuando r tiende a R.

En consecuencia, dado que R es un número finito, la proporción del último término del lado izquierdo con respecto al primero del mismo lado en la ecuación [8.1.1.] tiende a cero cuando r tiende a R. Lo mismo ocurre con la proporción entre ese término y el lado derecho de dicha ecuación.

Ahora bien, esta última proporción es igual a w, según se deduce de las definiciones precedentes y de la ecuación [8.1.2.], lo que significa que dicha variable tiende a cero cuando r tiende a R.

Por otra parte, la ecuación [8.1.2.] nos indica que w = 1 cuando r = 0 y que es menor que 1 cuando r es superior a cero. Por ello sus valores posibles están contenidos dentro del intervalo]0,1]. Por último, puesto que estos valores dependen en forma continua de los precios se concluye que w es una función continua de r $\forall$ r $\in$ [0,R[.

8.2. VARIACIÓN DE K EN FUNCIÓN DE r

Cuando la tasa de ganancia aumenta, el valor de K puede aumentar, disminuir o bien permanecer constante. Esta proposición se probará mediante tres ejemplos.

Sea S un sistema de producción en el cual:

I] Las empresas hacen todas sus compras en la primera fecha –excepto el trabajo que es el único bien no producido y que se paga al final del período– y todas sus ventas en la última fecha.

II] Todos los bienes producidos pertenecen a la misma clase.[2]

A partir de S se pueden definir otros sistemas en los cuales el excedente esté compuesto exclusivamente por un conjunto de bienes escogidos de manera arbitraria.[3]

Considérense los tres casos siguientes:

a] Sea S_1 el sistema en el que se produce en excedente el conjunto de bienes cuyo valor disminuye con respecto a todos los otros bienes producidos con un incremento de r dado.

Puesto que el precio relativo de cada bien producido aumenta o se mantiene constante en relación con el excedente –suponemos que hay al menos uno que aumenta–, se infiere que el valor de K aumenta. En efecto, los bienes cuyo valor aumenta en relación con el producto neto de este sistema forman parte del capital inicial.

[2] Véase P. Sraffa, (1960)
[3] Véase D. Hawkins y H.A. Simon (1949).

b] Sea S_2 el sistema que produce en excedente sólo el conjunto de bienes cuyo valor aumenta en relación con todos los demás con el cambio de r considerado en a].

Puesto que el precio de todos los bienes disminuye o se mantiene constante –suponemos que hay al menos uno correspondiente a un bien producido que disminuye–, el valor del capital disminuye en relación con el producto neto. En efecto, por construcción, los bienes cuyo valor disminuye en relación con el excedente forman parte del capital.

c] Para obtener un sistema en el cual el valor del capital se mantiene constante pese a cualquier variación de $r \in [0,R]$ basta con escoger un sistema homotético (véase el apéndice D.1.).

Por último, para obtener un sistema en el cual el valor del capital aumenta y disminuye sucesivamente conforme r aumenta, basta con escoger dos sistemas del tipo de S_1 y S_2 y combinarlos en las proporciones adecuadas.

A continuación, se expone una representación geométrica de la relación entre K, w y r. Se puede escribir la ecuación [8.1.2.] bajo la forma:

[8.2.1.] $$K = (1 - w) / \sum_t (e_t - 1)$$

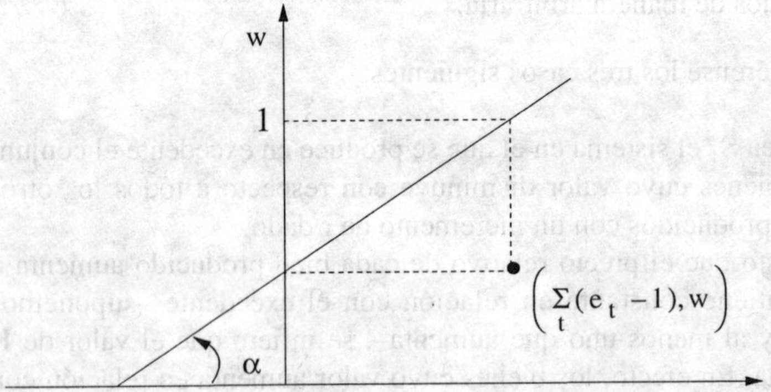

Figura 8.1.

Si se utiliza esta relación se puede determinar el valor de w para cada nivel de $r \in [0,R[$ y representar cada pareja (r,w) mediante un punto de la figura 8.1. En ella el eje horizontal indica el valor de la función $\sum_t (e_t - 1)$ y el vertical el valor de w, correspondientes al mismo nivel de r.

De esta forma, según la ecuación [8.2.1.] el valor del capital correspondiente a cada pareja (r,w) es igual a la tangente del ángulo α formado por el eje horizontal y la recta que pasa por los puntos $(\sum_t (e_t - 1), 1)$ y (0,w).

Si K aumenta siempre que r aumenta, dentro del intervalo $[r_1,r_2]$, el valor de tg α será cada vez más grande . En consecuencia, la forma de la curva w será cóncava sobre el intervalo correspondiente a $[r_1,r_2]$ (véase la figura 8.2.).

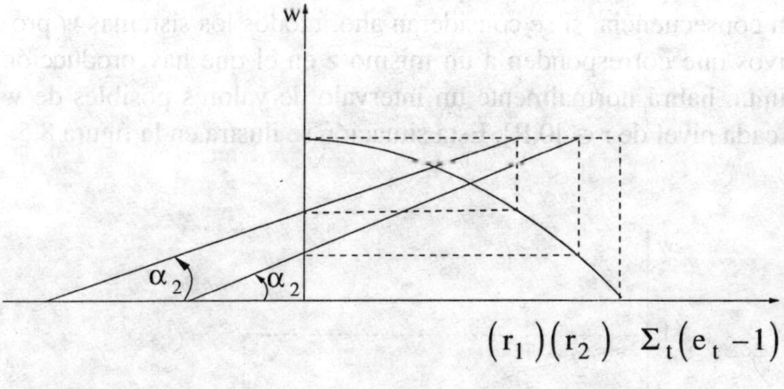

Figura 8.2.

Si K disminuye siempre que r aumenta dentro del intervalo $[r_1,r_2]$ el valor de tg α será cada vez más pequeño. En consecuencia, la forma de la curva w será convexa sobre el intervalo correspondiente a $[r_1, r_2]$ (véase la figura 8.3.).

Si el valor del capital aumenta y disminuye varias veces cuando r aumenta de 0 a R, la función w tendrá varias secciones convexas y varias cóncavas (véase la figura 8.4.).

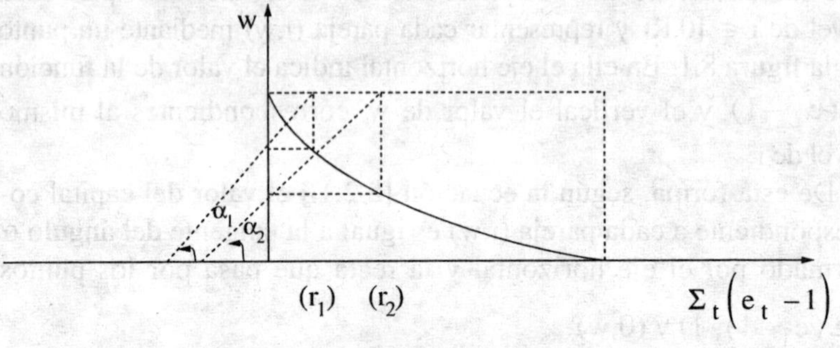

Figura 8.3.

Por otra parte, si se consideran dos sistemas productivos ψ y ψ' derivados de un mismo z, habrá dos niveles para la tasa de ganancia máxima (R(ψ) y R(ψ')) que no son necesariamente iguales. Además, los sistemas de precios determinados por estos dos sistemas para cada nivel de r común a los intervalos [0,R(ψ)[y [0,R(ψ')[, así como los valores correspondientes de w pueden también diferir.

En consecuencia, si se consideran ahora todos los sistemas ψ productivos que corresponden a un mismo z en el que hay producción conjunta, habrá normalmente un intervalo de valores posibles de w para cada nivel de $r \in]0,R]$. Esta situación se ilustra en la figura 8.5.

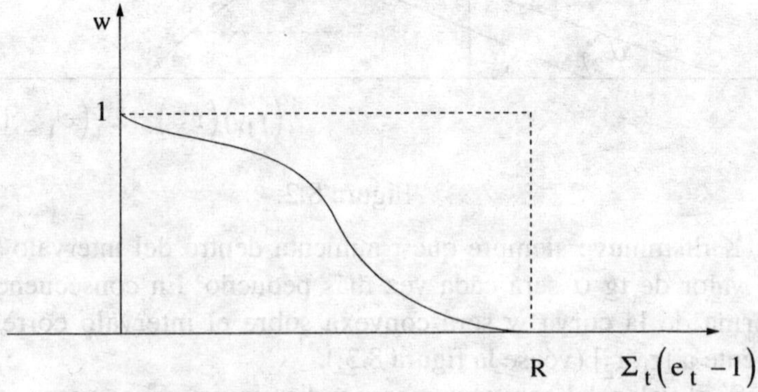

Figura 8.4.

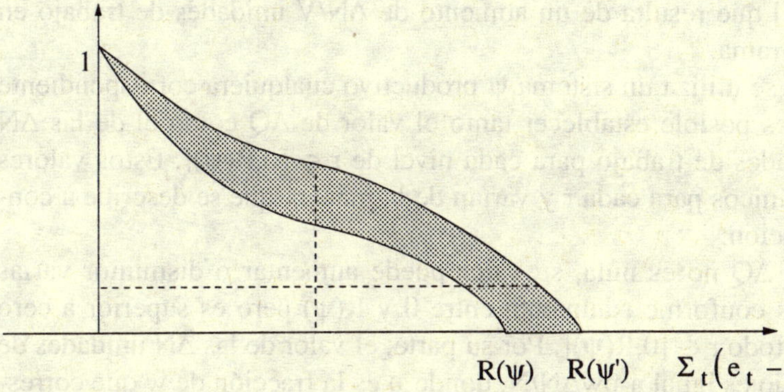

Figura 8.5.

De manera recíproca, habrá también un intervalo de valores posibles de r para cada nivel de w ∈]0,1], como se muestra en la misma figura.

Estos análisis muestran que en el caso general la tasa de ganancia y la distribución del ingreso entre salarios y ganancia no se determinan recíprocamente en forma unívoca, lo cual ocurre efectivamente en el caso de la producción simple.

8.3. EL SALARIO Y LA PRODUCTIVIDAD MARGINAL DEL TRABAJO

De acuerdo con la teoría microeconómica, en las situaciones de equilibrio en libre competencia existe igualdad entre el salario y la productividad marginal del trabajo. A continuación se utilizarán los análisis precedentes para identificar los sistemas de precios que permiten que esta igualdad sea posible para un z dado.

Sea N el nivel del empleo en z y ΔN una cantidad de trabajo lo suficientemente pequeña como para que resulte aceptable considerar que un incremento de ΔN/V unidades de trabajo sea una buena aproximación a un incremento infinitesimal en el nivel del empleo en cualquiera de las ramas.

Si cada rama posee una función de producción diferenciable es posible calcular la colección de bienes $\Delta Q = (\Delta Q_1, \Delta Q_2, \ldots, \Delta Q_n)$ en donde, para cada j, ΔQ_j es el incremento total en la producción del bien j que resulta de un aumento de ΔN/V unidades de trabajo en cada rama.

Si se utiliza un sistema ψ productivo cualquiera correspondiente a z, es posible establecer tanto el valor de ΔQ como el de las ΔN unidades de trabajo para cada nivel de r ∈ [0,R(ψ)[. Estos valores son únicos para cada r y varían de la manera que se describe a continuación:

Si ΔQ no es nula, su valor puede aumentar o disminuir varias veces conforme r aumenta entre 0 y R(ψ) pero es superior a cero para todo r ∈ [0,R(ψ)[. Por su parte, el valor de las ΔN unidades de trabajo es igual a υwΔN/N, donde υ es la fracción de w que corresponde a los salarios, en consecuencia, varía entre un nivel superior a cero cuando r = 0 y cero cuando r = R(ψ).

Se excluirán aquellas situaciones en las que la productividad marginal del trabajo sea creciente y/o la productividad marginal del capital sea inferior o igual a cero. En estas condiciones, de acuerdo con el teorema de Clark-Wicksteed, el valor de ΔQ será inferior al de las ΔN unidades de trabajo cuando r = 0.

Según estos análisis, existe al menos un nivel r* ∈ [0,R(ψ)[para el cual el salario es igual a la productividad marginal del trabajo. Esta tasa de ganancia está determinada por el punto de cruce de las gráficas que corresponden a las dos variables señaladas como funciones de r (véase la figura 8.6.).

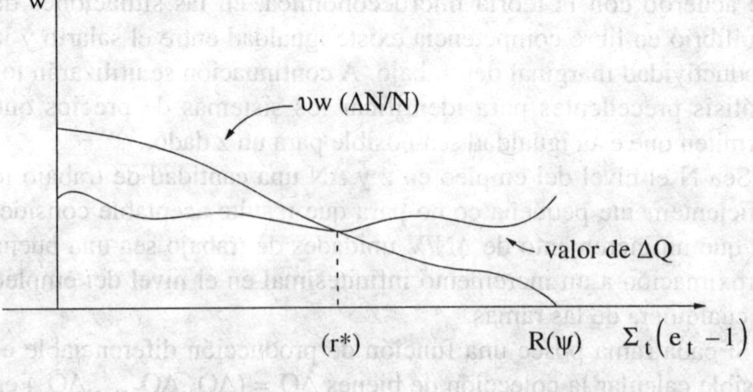

Figura 8.6.

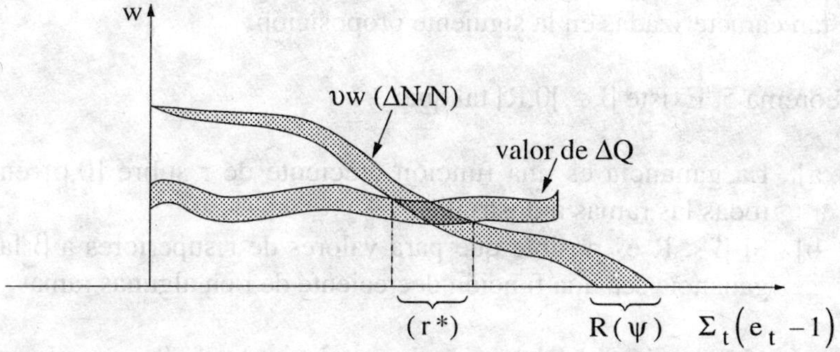

Figura 8.7.

Si se supone que el sistema ψ correspondiente a z es único, como en el caso de la producción simple, la igualdad mencionada permite determinar simultáneamente el valor del capital y la distribución del ingreso entre salarios y ganancias.[4]

Sin embargo, en la producción conjunta, donde puede haber un número infinito de sistemas ψ productivos para un z dado, tanto ΔQ como las ΔN unidades de salario pueden tener, cada una de ellas, un intervalo de valores posibles para cada nivel de la tasa de ganancia.

En consecuencia, en este caso se tendrá un intervalo de valores posibles para r que permite la verificación de la igualdad señalada. Esta situación se ilustra en la figura 8.7.

8.4. LA GANANCIA DE LAS RAMAS INDUSTRIALES

La ganancia capitalizada que corresponde a una rama v está determinada por la fórmula:

[8.4.1.] $$\sum_t \sum_j I_{t,v,j}\, p_j \left(e_t - 1\right)$$

[4] Este caso, como se ve, escapa a la crítica que J. Robinson (1954) hizo de la teoría neoclásica de la distribución del ingreso.

Las variaciones de la ganancia como función de la tasa de ganancia están caracterizadas en la siguiente proposición:

Teorema 5. Existe $\beta \in]0,R]$ tal que:

a] La ganancia es una función creciente de r sobre $[0,\beta[$ en todas las ramas industriales.
b] Si $\beta < R$ es posible que para valores de r superiores a β la ganancia sea una función decreciente de r en algunas ramas.

Prueba. La función [8.4.1.] es igual a cero cuando $r = 0$ y superior a cero $\forall\ r \in]0,R[$, por lo tanto, su derivada con respecto a r es superior a cero cuando $r = 0$. Por otra parte, para cada v sea β_v el valor positivo más pequeño de r para el cual la derivada con respecto a r de la ecuación [8.4.1.] correspondiente es igual a cero (si $\beta_v \notin]0,R[$ se hace $\beta_v = R$); puesto que dicha derivada es una función continua de r, se infiere que $\beta_v > 0\ \forall$ v. Haciendo $\beta = \text{mín}(\beta_1, \beta_2,\ldots,\beta_v)$, se demuestra a].

Para probar que los beneficios de una rama pueden disminuir cuando r aumenta más allá de β es suficiente mostrar que el monto de la ganancia obtenida con la utilización de ciertos bienes como capital puede disminuir cuando r aumenta hasta niveles superiores a β. Para hacerlo se utilizará un ejemplo.

Consideremos el siguiente sistema de ecuaciones de producción:

Sistema [8.4.1.]

$$.49995p_1(1+r) + .49995p_2(1+r) + .9w = p_1$$

$$+ .49995p_3(1+r) + .099w = p_2$$

$$.00005p_1(1+r) + .00005p_2(1+r) + .00005p_3(1+r) + .001w = p_3$$

En este sistema tanto K como PN son iguales a la suma $.5p_1 + .5p_2 + .5p_3$ por lo cual K = 1 medido con el producto neto, independientemente del nivel de r.

Como consecuencia de lo anterior, el salario y la tasa de ganancia obedecen a la relación definida por la ecuación [8.4.2.] (véase el apéndice C.1.).

[8.4.2.] $$w = 1 - r \quad \forall\, r \in [0,R]$$

Esta relación está representada en la figura 8.8:

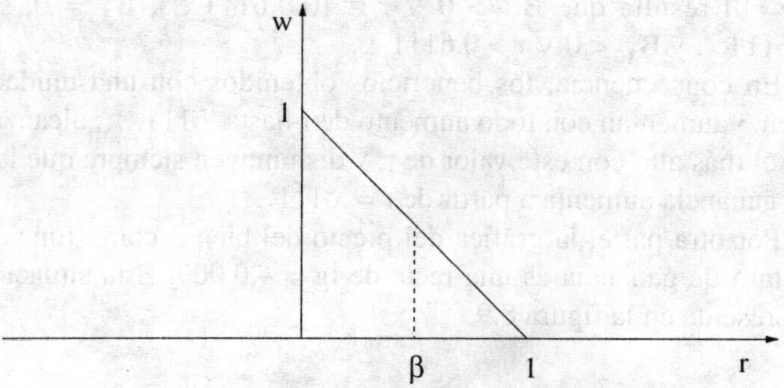

Figura 8.8.

A partir de la ecuación [8.4.2.] se deduce fácilmente que R = 1. Por otra parte, si se mide con el producto neto, el valor del capital utilizado en la tercera rama está determinado por la fórmula:

$$K_3 = [(.5 \times 10^{-4})(p_1 + p_2 + p_3)]/(.5)(p_1 + p_2 + p_3)$$

[8.4.3.] $$= 1 \times 10^{-4} \quad \forall\, r \in [0,R]$$

Al sustituir K_3 por el segundo miembro de [8.4.3.] y w por el segundo miembro de [8.4.2.] en la tercera ecuación del sistema [8.4.1.] se obtiene:

[8.4.4.] $$p_3 = (1 \times 10^{-4})(1 + r) + (1 \times 10^{-3})(1 - r)$$

$$= 0.0011 - 0.0009\, r$$ (véase la figura 8.9.)

De allí, que el monto de los beneficios obtenidos con la utilización de una unidad del bien 3 como medio de producción está determinado por la ecuación:

$$B_3 = 0.0011\ r - 0.0009\ r^2$$

Si se deriva B_3 con respecto a r, queda:

$$B_3' = 0.0011 - 0.0018\ r$$

De allí resulta que $B_3' > 0\ \forall\ r \in [0{,}0.6111\ldots]$, $B_3' = 0$, si $r = 0.6111\ldots$ y $B_3' < 0\ \forall\ r > 0.6111\ \ldots$

En consecuencia, los beneficios obtenidos con una unidad del bien 3 aumentan con todo aumento de r hasta .6111 …; alcanzan su nivel más alto con este valor de r, y disminuyen siempre que la tasa de ganancia aumenta a partir de r = .6111…

Por otra parte, la gráfica del precio del bien 3 como función de la tasa de ganancia es una recta de tg = –.0.009. Esta situación se representa en la figura 8.9.

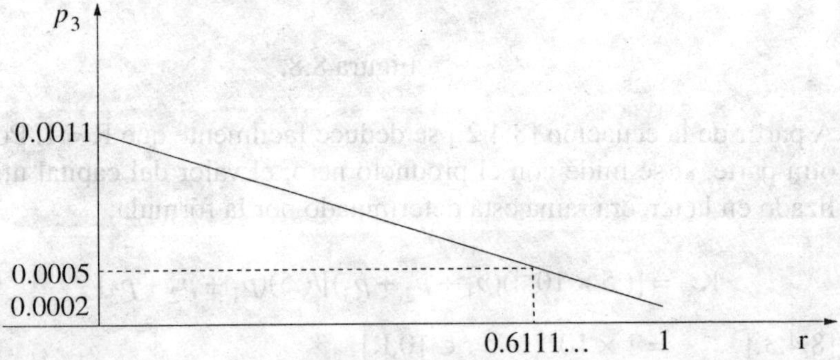

Figura 8.9.

Puesto que la segunda rama del sistema [8.4.1] utiliza como capital exclusivamente al bien 3 el monto de los beneficios que le corresponden varían, como función de r, de la manera indicada.

Con esto concluye la prueba del teorema. A continuación se expondrán dos corolarios del mismo.

Corolario 1. El valor de la tasa de ganancia en el cual cada rama alcanza su nivel de ganancia más elevado no es necesariamente el mismo para todas las ramas.

Prueba. Véase el apéndice C.2.

Corolario 2. Los beneficios de una rama pueden disminuir y aumentar de manera sucesiva varias veces cuando r aumenta entre β y R.

Prueba. Véase el apéndice C.3.

8.5. GRUPOS DE INTERÉS ECONÓMICO Y CLASES SOCIALES

Los resultados de la sección precedente muestran que un incremento de la tasa de ganancia no implica necesariamente el crecimiento del volumen de la ganancia obtenida en una rama dada. Puede haber ramas en las cuales la ganancia disminuye como consecuencia de una elevación de la tasa de ganancia y viceversa.

Por otra parte, las ganancias de ciertas ramas pueden aumentar o bien disminuir como resultado de la misma elevación de la tasa de ganancia en función de la unidad de medida utilizada.

Con respecto a esto, conviene recordar la diferencia en el significado de los resultados que se obtienen si se utiliza el producto neto en lugar de alguna otra colección de bienes como unidad de medida. En el primer caso, la medida indica la fracción del ingreso global que corresponde a la ganancia en cada rama, mientras que en el segundo se obtiene sólo el número de unidades de la colección de que se trate, que es equivalente a la ganancia medida.

Puesto que en este capítulo se estudia un aspecto de la repartición del ingreso, resulta apropiado privilegiar la primera unidad de medida.

Conviene agregar que estos resultados no se modifican si en lugar de suponer que los salarios se pagan al final del proceso de producción, se admite que se entregan íntegramente, al inicio del mismo (véase el apéndice C.4.).

En consecuencia, los capitalistas no constituyen necesariamente un grupo de interés económico homogéneo frente a toda disminución del salario. En efecto, los capitalistas pueden estar divididos en grupos con intereses económicos opuestos si el salario debe disminuir hasta un nivel inferior al que corresponde a la tasa de ganancia β.

La delimitación de los grupos de capitalistas que resultarían favorecidos y de aquellos cuyo ingreso disminuiría como consecuencia de una reducción de este tipo en el salario, depende de la distribución de la propiedad de los bienes de capital de diferentes tipos entre los industriales.

Por otra parte, dos grupos de propietarios a los que beneficia la reducción del salario hasta un cierto nivel, podrían ver variar sus ingresos respectivos en sentidos opuestos si el salario disminuyera hasta un nivel inferior.

En este sentido, es posible definir un interés de clase para el conjunto de los capitalistas sólo si se consideran las variaciones del salario comprendidas dentro del intervalo [1,w(β)].

Esto significa que, para las variaciones del salario que se efectúan fuera de este intervalo, el conjunto de los asalariados y el de los capitalistas no forman necesariamente dos clases de agentes con intereses contradictorios entre sí. En efecto, por las razones indicadas más arriba, en estos casos ciertos grupos de capitalistas pueden encontrar su beneficio en el incremento del nivel del salario.

Es preciso agregar que la existencia de ramas industriales cuyas ganancias diminuyen como consecuencia de un incremento de la tasa de ganancia no se ve circunscrita al modelo simplificado que se usó como ejemplo. Al contrario, cuando se consideran modelos más generales resulta, en principio, más fácil encontrar este tipo de industrias; tal es el caso de un sistema en el cual los precios salariales de ciertos bienes pueden ser funciones decrecientes de la tasa de ganancia.

Sin embargo, el valor de β así como la presencia de este tipo de ramas industriales en un sistema dado se pueden conocer sólo en función de los datos particulares de ese sistema.

9. EFECTOS DE UN INCREMENTO EN LA PRODUCTIVIDAD

En este capítulo se estudiarán los efectos de un cambio en la productividad física de una rama industrial sobre los precios y sobre la relación entre w y r. Como unidad de medida de los precios se utilizará una colección formada por una unidad de cada uno de los bienes no producidos; sus precios se considerarán fijos, salvo cuando se indique otra cosa.

El tipo de progreso técnico que se estudiará se define en la sección 9.1., y se limita a aquellos cambios técnicos en que disminuyen los insumos necesarios para la producción de una unidad de al menos uno de los bienes. En consecuencia, no se considerarán los cambios que implican la producción de nuevos bienes.

Al limitar de esta forma los tipos de cambio técnico estudiados, se puede plantear de la manera más simple el efecto del progreso técnico sobre los precios relativos y sobre la relación entre la tasa de ganancia y la distribución del ingreso.

Como se verá en la misma sección, dichos cambios disminuyen el precio de aquellos bienes en cuya producción participa alguno de los bienes producidos por la industria en la que tiene lugar el cambio técnico. Esto es así, más allá de que se trate de bienes fundamentales o no, contrariamente a lo que sostienen P. Sraffa (1960) y algunos de sus seguidores.

Por otra parte, como se muestra en las dos secciones siguientes, los cambios estudiados tienen como consecuencia –en la mayoría de los casos– un incremento en el valor de r, que corresponde a cada nivel de la distribución del ingreso entre salarios y ganancias.

Se señalan los casos en los que ocurre lo contrario, lo cual confirma en general el resultado reportado por N. Okisho (1961), aunque también se muestran las excepciones.

Estas últimas constituyen, por otra parte, los únicos casos en los que se verifica la llamada "ley de la tendencia decreciente de la tasa de ganancia" enunciada por K. Marx (1975) como se muestra en la sección final de este capítulo.

9.1. DEFINICIÓN DE PROGRESO TÉCNICO Y SU EFECTO SOBRE LOS PRECIOS

Se dirá que una rama aumenta su productividad si disminuye al menos una de las cantidades de bienes que requiere sin que aumenten las otras ni disminuya la oferta. La productividad también se incrementa si aumenta al menos una de las cantidades de bienes que ofrece sin que disminuyan las otras, ni crezca ninguna de las cantidades de bienes que requiere.

Como se puede ver, esta definición se limita a aquellos cambios técnicos en los que disminuye por lo menos uno de los insumos necesarios para producir una unidad de uno de los bienes. Como consecuencia, para cada nivel de r, el valor de cada uno de los coeficientes de tipo a_{kj} será menor o igual que su nivel original y será estrictamente menor para uno de ellos, por lo menos.

La proposición siguiente expone los efectos de un aumento de productividad sobre los precios.

Teorema 7. Para todo $r \in [0,R[$ un incremento en la productividad disminuye el precio de los bienes en cuya producción participa la rama en la que ha tenido lugar el incremento. Los demás precios no se alteran.

Prueba. Véase el apéndice C.5.

9.2. EFECTO SOBRE R

Como se señala en la demostración del teorema 2, la tasa de ganancia máxima es el valor positivo más pequeño de r para el cual $a_{ee} = 1$ o bien $D_{ee} = 1$ para al menos un e.

Ahora bien, el cambio de productividad afectaría una función de tipo a_{ee} sólo si la cantidad del bien e concernido utilizada directamente en su propia produccción disminuyera. En este caso el valor de la función disminuiría como consecuencia del cambio de productividad, para todos los valores de r. En consecuencia, se incrementaría el nivel de r que iguala a uno dicho coeficiente.

Por su parte, una función de tipo D_{ee} se alterará si y solamente si el cambio en la productividad afecta a un coeficiente no nulo a_{kj} tal que los bienes e, k y j –no necesariamente diferentes– pertenecieran a la misma clase. En este caso, el valor de D_{ee} variaría, para cualquier nivel de r, en el mismo sentido que el coeficiente a_{kj} (véase el apéndice C.5.).

Por otra parte, de acuerdo con las definiciones de los coeficientes a_{kj} y de cambio de productividad, éstos adoptarán, después del cambio de productividad, un valor inferior o igual al que tenían inicialmente para cada nivel de r.

En consecuencia, para cada nivel de r, el valor de cada una de las funciones D_{ee} será menor o igual al que tenía antes del cambio de productividad.

Además, este valor será menor si y solamente si el cambio afecta al menos a uno de los coeficiente a_{kj} no nulos, para los cuales e, k y j pertenecen a la misma clase. Por este motivo, el nivel de r que iguala a 1 el valor de estas funciones será mayor que antes del cambio de productividad.

En consecuencia, la tasa de ganancia máxima será más alta si disminuye la cantidad de alguno de los bienes necesarios para producir por lo menos uno de los bienes –no necesariamente distinto– de su misma clase en todas las clases a las que pertenecen los bienes e cuya función a_{ee} o D_{ee} correspondiente era igual a 1, con el nivel inicial de R, antes del cambio de productividad. En cualquier otro caso dicha tasa no se modificará.

9.3. EFECTOS SOBRE LA RELACIÓN ENTRE W Y r

Al considerar la ecuación [8.1.1.] conviene distinguir dos situaciones posibles:

a] El cambio no altera las cantidades de insumos no producidos.
b] El cambio disminuye uno de los insumos no producidos.

En la primera situación, los efectos sobre la relación entre w y r serán distintos si el cambio técnico afecta o no las condiciones de producción o las cantidades de los bienes producidos que forman parte de la inversión.

En el primer caso, el valor de la inversión en bienes producidos y, por lo tanto, el volumen de las ganancias correspondiente a cada nivel de r habrá disminuido como consecuencia del cambio, mientras que el valor capitalizado de la inversión en bienes no producidos no se habrá modificado. En consecuencia, para cada nivel de r $\in$ [0,R[, la fracción del valor del producto neto que corresponde a estos últimos después del cambio (w') será superior a su nivel inicial (véase la figura 9.1.).

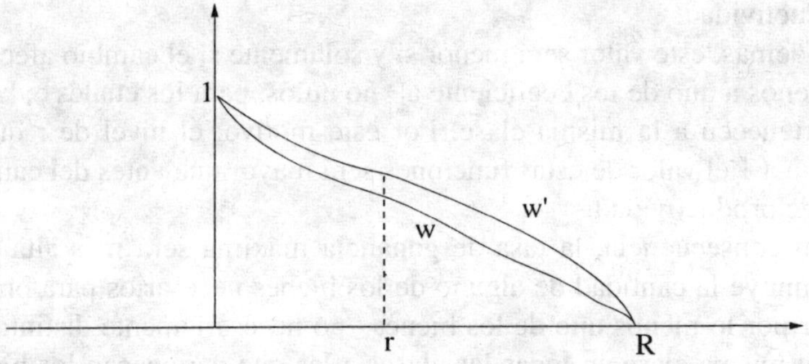

Figura 9.1.

Por la misma razón, la tasa de ganancia correspondiente a cada nivel de w ($\forall$ w $\in$]0,1[ ) será más grande después del cambio (véase la figura 9.2.). Por otra parte, como se señaló en la sección 9.2., el cambio de productividad puede aumentar (figura 9.2.) o bien no afectar el valor de la tasa de ganancia máxima (figura 9.1.).

En cambio, en el segundo caso, el valor capitalizado de las diferentes inversiones será el mismo antes y después del cambio en la productividad, lo cual implica que la relación entre w y r no habrá sufrido ningúna alteración.

También en la segunda situación, los efectos serán distintos si el cambio técnico afecta o no las condiciones de producción de los bienes que forman parte de la inversión.

En el primer caso habrá una reducción en el valor capitalizado de

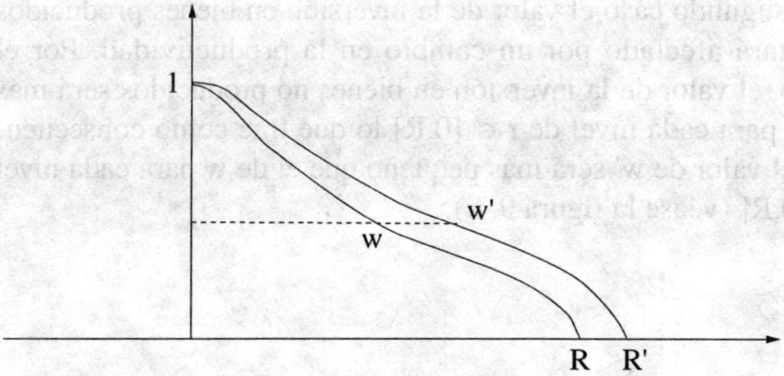

Figura 9.2.

las inversiones, tanto en bienes producidos como no producidos. En consecuencia, w' será más grande, igual o más pequeño que w para un valor dado de r, en función de las proporciones en las que las sumas de los dos tipos de inversión señalados hayan disminuido.

En efecto, dada una restricción del volumen de la inversión en bienes no producidos, el valor de la ganancia puede mermar en una proporción mayor, igual o inferior, en función de la importancia de los bienes cuyos precios disminuyen en el valor del capital.

Por otra parte, la importancia de estos cambios puede variar según el nivel de r ya que los precios dependen de la tasa de ganancia. En consecuencia, el mismo cambio en la productividad puede aumentar el valor correspondiente a w para un nivel de r, y reducirlo para un nivel diferente. Esta situación se ilustra en la figura 9.3.

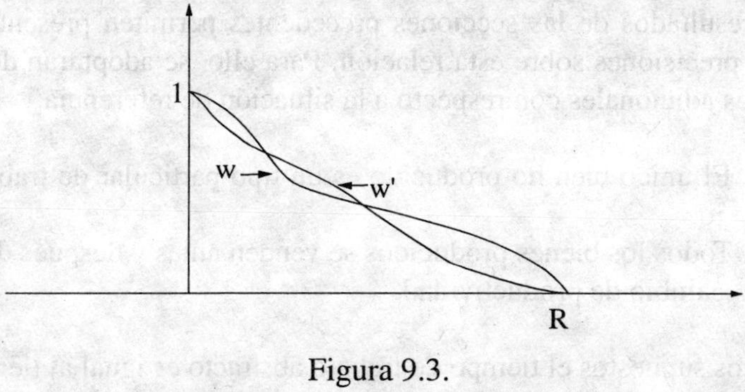

Figura 9.3.

En el segundo caso el valor de la inversión en bienes producidos no resultará afectado por un cambio en la productividad. Por el contrario, el valor de la inversión en bienes no producidos será más pequeño para cada nivel de $r \in [0,R]$ lo que trae como consecuencia que el valor de w' será más pequeño que el de w para cada nivel de $r \in]0,R[$ (véase la figura 9.4.).

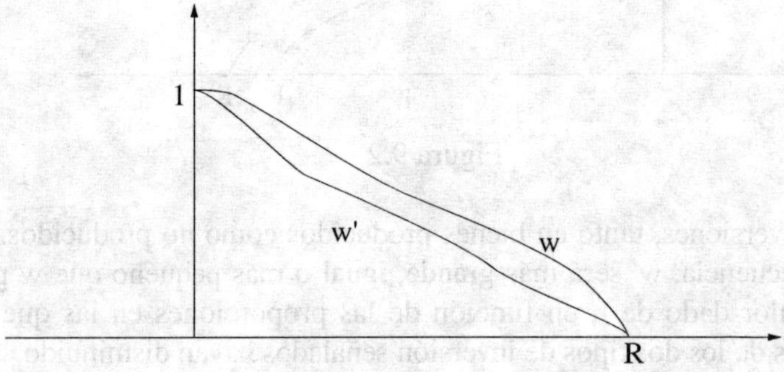

Figura 9.4.

9.4. TASA DE GANANCIA Y TASA DE EXPLOTACIÓN

K. Marx (1975) estudió los efectos de un cambio en la productividad sobre la relación entre la tasa de ganancia y la tasa de explotación. Llegó a la conclusión general de que la primera de éstas disminuye si se mantiene constante la segunda.

Los resultados de las secciones precedentes permiten presentar algunas precisiones sobre esta relación. Para ello, se adoptarán dos supuestos adicionales con respecto a la situación de referencia.

H.15. El único bien no producido es un tipo particular de trabajo.

H.16. Todos los bienes producidos se venden antes y después del cambio de productividad.

Bajo estos supuestos el tiempo de trabajo abstracto es igual al tiempo de trabajo concreto utilizado en el sistema. Por otra parte, la tasa de explotación es igual a (1–w)/w, por lo cual ella y w cambian simultáneamente y en sentidos opuestos.

En consecuencia, de acuerdo con la sección 9.3., si se mantiene fija la tasa de explotación, un aumento en la productividad da lugar a una disminución en la tasa de ganancia sólo si la cantidad de trabajo utilizada –capitalizada– decrece en una proporción superior a la disminución proporcional del valor capitalizado de la ganancia con la tasa de ganancia inicial.

Por otra parte, esto puede ocurrir solamente –aunque no necesariamente– si el aumento en la productividad implica una reducción en la cantidad de trabajo utilizada en el sistema. En todos los demás casos, la tasa de ganancia aumenta o bien se mantiene constante.

Haciendo la salvedad de que la referencia corresponde a cantidades capitalizadas se puede presentar este resultado en los siguientes términos:

Un cambio en la productividad trae como consecuencia la disminución de la tasa de ganancia, si se sustituye –proporcionalmente– trabajo por capital en la producción del producto neto y se mantiene constante la tasa de explotación. En cambio, si se sustituye capital por trabajo ocurre lo contrario. Por su parte, si las variaciones proporcionales del trabajo y el capital son iguales, la tasa de ganancia no cambia.

ANEXO I

LOS PLANES DE TRANSACCIONES VIABLES EN EL MODELO DE ARROW-DEBREU

En este anexo se estudian tres aspectos del modelo de Arrow-Debreu que tienen relevancia en la definición de los planes de transacciones compatibles con los recursos –o dotaciones– iniciales.[1] El propósito es señalar algunas limitaciones de esta definición, y también las modificaciones suficientes para superarlas.

El primero de los aspectos es la exclusión de las ofertas de bienes diferentes del trabajo, en la definición de los vectores de transacciones posibles para los consumidores.

El segundo consiste en la representación de las dotaciones iniciales mediante un solo vector en el espacio de las mercancías.

Estos dos elementos del modelo implican, como se demostrará, una restricción innecesaria en el conjunto de las situaciones posibles para la economía.

El tercer aspecto consiste en el acotamiento de los conjuntos de transacciones viables como algo que se deriva de una propiedad de carácter global del conjunto de las empresas.

Como se verá, este acotamiento se puede establecer con base en las propiedades de los conjuntos individuales de transacciones, lo que resulta más sencillo.

Antes de exponer estas tesis, se presentarán en forma sucinta los aspectos del modelo de Arrow-Debreu, a los que se hará referencia.

[1] Para simplificar la exposición, llamaremos viables a estos planes.

A.I.1. EL MODELO DE ECONOMÍA DE PROPIEDAD PRIVADA DE ARROW-DEBREU

El modelo está integrado por *n* productores y *m* consumidores ($1 \leq n,m$). A cada uno de estos agentes corresponde un índice particular *j* para los productores e *i* para los consumidores, de tal manera que $j = 1,2,\ldots,n$ e $i = 1,2,\ldots,m$.

Existen *l* mercancías definidas según tres criterios: físico, espacial y temporal. En consecuencia, se consideran diferentes dos bienes que, aunque físicamente iguales difieren en la fecha o el lugar de entrega. A cada mercancía corresponde un índice *h* de tal manera que $h = 1,2,\ldots,l$.

Cada plan de acciones económicas de cada agente se representa como un vector de R^l mediante la notación y_j si se trata de un productor y x_i si se trata de un consumidor. En el primer caso, las coordenadas positivas representan ventas y las negativas compras, mientras que en el segundo, rige la convención inversa.

Se representa con Y_j el conjunto de planes técnicamente posibles para el productor *j*, y con X_i al conjunto de los planes de consumo posibles para el consumidor *i* para cada *j* e *i*, respectivamente.

Cabe agregar que en los planes de consumo sólo las coordenadas que corresponden a los diferentes tipos de trabajo pueden ser no positivas,[2] aunque en algunas versiones del modelo, el trabajo se incluye dentro de las dotaciones iniciales. Esto hace que los vectores de consumo tengan solamente coordenadas positivas.[3]

Cada uno de los conjuntos de producciones posibles tiene las propiedades siguientes:

A.1. El origen de R^l (θ) pertenece a Y_j.
A.2. Y_j es convexo.
A.3. Y_j es cerrado.
A.4. $(Y_j \cap \Omega) \subset \{\theta\}$ en donde Ω es el cuadrante positivo de R^l.
A.5. $Y_j \supset (Y_j - \Omega)$.

[2] Véase G. Debreu (1959), p. 51.
[3] Véase, por ejemplo, K. Arrow y H. Hahn (1971), y A. Takayama (1985).

Por su parte cada, uno de los conjuntos X_i tiene las propiedades siguientes:

A.6. X_i es convexo.
A.7. X_i es cerrado.
A.8. Existe un punto $\sigma_i \in R^l$ tal que $\sigma_i \leq x_i \; \forall \; x_i \in X_i$.
A.9. Hay una relación $\textcircled{\geq}$ –que se interpreta como "preferido" o "indiferente"–, para pares de elementos de X_i, con las propiedades siguientes:

a] Transitividad: $x_i \textcircled{\geq} x_i'$ y $x_i' \textcircled{\geq} x_i'' \Rightarrow x_i \textcircled{\geq} x_i''$
b] Conexidad: para toda pareja x_i, x_i' se tiene que $x_i \textcircled{\geq} x_i'$ o $x_i' \textcircled{\geq} x_i$.
c] Continuidad: para todo x_i', los conjuntos $\{x_i \mid x_i \textcircled{\geq} x_i'\}$ y $\{x_i \mid x_i \textcircled{\leq} x_i'\}$ son cerrados.
d] Convexidad semiestricta: si $x_i \textcircled{>} x_i'$ y $0 \leq \alpha \leq 1$, entonces $(1-\alpha)x_i + \alpha x_i' \textcircled{>} x_i'$.
e] No saciedad: no hay ningún x_i tal que $x_i \textcircled{>} x_i' \; \forall \; x_i' \in X_i$.

A.10. Existe $x_i \in X_i$ tal que $x_i < \theta$.

La suma de una colección cualquiera de n planes, cada uno de ellos pertenecientes a una empresa diferente, se representa mediante un vector y; mientras que la suma de una colección cualesquiera de m planes, cada uno de ellos correspondiente a un consumidor diferente se representa mediante un vector x. De manera análoga, $Y = \Sigma_j Y_j$ y $X = \Sigma_i X_i$.

Por otra parte, se define como dotaciones iniciales o recursos de la economía a la totalidad de las mercancías existentes en el sistema al principio del período. A cada consumidor le corresponde un punto $w_i \in R^l$ que señala la cantidad que posee de cada bien al principio del período.

La fecha de entrega correspondiente a todas las dotaciones iniciales es el inicio del período; el conjunto de ellas se representa con el vector $w = \Sigma_i w_i$.[4] Se adoptan las dos hipótesis siguientes con respecto a estas dotaciones:

[4] "...la totalidad de los recursos es representada por un punto w de R, el espacio de las mercancías. Ésta incluye el capital de la economía en el instante presente, verbigracia, toda la tierra, edificios, depósitos minerales, máquinaria, inventarios de mercancías,...que existen ahora y son

A.11. La dotación inicial de cada bien es una cantidad finita.
A.12. Al principio del período, la totalidad de las dotaciones iniciales se encuentra en poder de los consumidores.[5]

Los consumidores poseen la totalidad de las empresas y a cada uno de ellos le corresponde una fracción θ_{ij} ($0 \leq \theta_{ij} \leq 1 \ \forall \ (i,j)$), que indica la parte de la ganancia de la empresa *j* que corresponde al consumidor *i*.

Por último, se definen como viables aquellos planes que pueden formar parte de por lo menos una colección de planes de transacciones integrada por un punto de cada conjunto Y_j y un punto de cada conjunto X_i para la cual se verifica que $\Sigma_i x_i - \Sigma_j y_j = w$. A continuación, se representará una colección de este tipo –sea o no viable– mediante la notación $s = (y_1, y_2, \ldots, y_n, x_1, x_2, \ldots, x_m)$.

A.I.2. LAS TRANSACCIONES POSIBLES PARA LOS CONSUMIDORES

La definición de los conjuntos X_i y la representación de las dotaciones iniciales de cada consumidor como un solo punto de R^l tienen como consecuencia la limitación siguiente:

En el modelo de Arrow-Debreu, las únicas situaciones posibles son aquellas en las que los consumidores ofrecen bienes distintos del trabajo solamente en la primera fecha.

Antes de demostrar lo anterior conviene advertir que el hecho de suponer que los mercados sean completos en el modelo no es suficiente para que los consumidores puedan ofrecer sus dotaciones iniciales en todos los mercados.

En efecto –como acabamos de indicarlo–, cada configuración de ofertas y demandas posibles en este modelo está representada por un vector de tipo s. Por esta razón, para saber si ciertas transacciones se pueden llevar a cabo dentro de él es necesario dilucidar si los agentes pueden escoger una colección de tipo s que, junto con el vector w, represente esas transacciones.

accesibles a los agentes. Todo esto es una herencia del pasado, están dados *a priori*. La fecha de los bienes así definidos es la primera." G. Debreu (1959), p. 75. Trad. A. Benítez.

[5] La hipótesis A.7 proviene de K.J. Arrow y H. Hahn (1971), y las restantes de G. Debreu (1959).

En consecuencia, se debe verificar que las definiciones de los conjuntos de tipo X_1, Y_j y $\{w_i\}$ así como también los criterios de elección que se aplican a los mismos permitan efectivamente que los agentes escojan las transacciones aludidas. Lo cual llevaremos a cabo a continuación (con las transacciones que ahora nos ocupan) examinando primero las transacciones accesibles a cada consumidor por medio de su conjunto X_i y en seguida aquellas a las que tendría acceso a través de un conjunto de tipo Y_j.

Dados un sistema de precios $p \in \Omega$ y un presupuesto para el consumidor i, $w_i \in R$, la elección del agente i está restringida al conjunto $X_i \cap \{x \in R^l \mid xp \leq w_i\}$. Por este motivo, no puede ofrecer bienes diferentes del trabajo, salvo sus dotaciones iniciales, cuya única fecha de entrega posible es el principio del período (véase también la nota 4).[6]

Por otra parte, el presupuesto correspondiente a cada consumidor se determina de manera independiente del consumidor, en tanto tal (véase más adelante). En efecto, dado p el presupuesto del consumidor i queda establecido por la ecuación

$$w_i = pw_i + \sum_j \theta_{ij} \Pi(p)$$

en donde $\Pi_j(p)$ es la ganancia que obtiene la empresa *j* con el sistema de precios p.

Esto significa que si el consumidor tuviera la posibilidad de ofrecer sus dotaciones iniciales –definidas sólo desde el punto de vista físico– en fechas diferentes, ello equivaldría a tener a su disposición dos vectores de dotaciones iniciales diferentes. En consecuencia, tendría también dos presupuestos diferentes si el precio de sus dotaciones varía en función de las fechas de entrega posibles.

Conviene agregar que la literatura especializada no ha señalado

[6] En efecto, un vector escogido por un consumidor satisface la ecuación $x_i\, p = w_i p + \sum_j \theta_{ij} \Pi_j(p)$ lo cual implica que $(x_i - w_i)p = \sum_j \theta_{ij} \Pi_j(p)$. Esto significa que dicha elección es equivalente a la elección de un vector de transacciones $(x_i - w_i)$ en donde el consumidor ofrece efectivamente sus dotaciones iniciales.

esta dificultad hasta ahora (véanse, por ejemplo, los textos referidos en la bibliografía).

Sólo en el trabajo ya citado de G. Debreu se encuentra, en referencia a un problema cercano, una sugerencia que puede ser útil en relación con este problema. Se trata de la posibilidad de que un consumidor ofrezca un bien diferente del trabajo en una fecha posterior a la primera, si al mismo tiempo que se le reconoce como consumidor tiene una doble representación económica como empresa. En efecto, Debreu señala:

> Un individuo que compra una casa, un carro,... para su propio uso y lo vende más tarde juega dos roles: el de *productor* que compra y vende casas, carros,..., con el propósito de vender sus servicios, y el de *consumidor* que compra el servicio, el uso de la casa, del carro...[7]

Puesto que, como se señaló más arriba, con su conjunto original de transacciones posibles (X_i), el consumidor no puede desempeñar el papel de productor al que se refiere esta cita, la única interpretación posible es que al lado de este conjunto cada consumidor, en tanto que productor, posee otro conjunto de transacciones posibles.

Esto significa que una parte de los n productores consiste en empresas formadas por un solo individuo –una por cada uno de los consumidores–, de su entera propiedad, en las que los conjuntos Y_j respectivos contienen por lo menos aquellos planes de transacciones en los que se compran algunos bienes para venderlos en una fecha posterior.

Esta solución, ignorada en las presentaciones posteriores del modelo, presenta los dos inconvenientes siguientes:

I] Resuelve efectivamente el problema señalado sólo en aquellos casos en los que el precio del bien concernido –definido desde el punto de vista físico–, entregado en una fecha futura, es igual que el precio que le corresponde si se entrega al principio del período.

[7] Vease G. Debreu (1959), p. 51. Las cursivas corresponden al autor.

Para demostrar esto admitamos que el conjunto Y_j correspondiente a una empresa contiene todos los planes susceptibles de interesar a algunos de los consumidores. Obsérvese que para Debreu (como más tarde también para Hildenbrand) este conjunto tiene las mismas propiedades que los otros conjuntos de producción y que el criterio de elección que se le aplica es el de maximización de la ganancia.

Veamos en qué casos dicha empresa pudiera ofrecer en venta una unidad del bien h2, la cual es físicamente la misma que una unidad de h1, siendo la única diferencia entre ambas que h1 tiene asignada una fecha de entrega previa a la de h2.

Sean p_1 el precio de h1 y p_2 el de h2. Considerando un sistema de precios dado tenemos tres casos posibles:

a] $p_1 > p_2$. En este caso la empresa Y_j no ofrecería una unidad de h2 porque al hacerlo incurriría en pérdidas ya que tendría que demandar una unidad de h1.

b] $p_1 = p_2$. En este caso la empresa Y_j puede efectivamente ofrecer una unidad de h2 demandando otra de h1 ya que la operación le reporta una ganancia nula.

Respecto al interés de este caso cabe preguntarse:

¿Para qué ofrecería el consumidor el bien h1 en una fecha posterior a la primera si el precio es el mismo? Recuérdese que el consumidor no puede usarlo en el período entre las dos fechas ya que esto haría de h1 y h2 dos bienes físicamente distintos.

c] $p_1 < p_2$. En este caso Y_j aumenta su ganancia al aumentar simultáneamente la demanda de h1 y la oferta de h2. Esto implica que el monto de su transacción en estos dos mercados sería infinito y, por lo tanto, no ofrecería una unidad de h1.

Cabe recordar que en las situaciones de equilibrio tanto las ofertas como las demandas son cantidades finitas por lo cual los planes de transacciones elegidos en este caso no podrían realizarse.

De acuerdo con este análisis la doble representación de los consumidores resuelve el problema señalado sólo en el caso b], como se anunció anteriormente.

Finalmente, también podemos suponer que h1 es un bien demandado por el consumidor en una fecha cualquiera y h2 el mismo bien, algo más usado, en una fecha posterior. Mediante los mismos argumentos se puede verificar que los consumidores podrían ofrecer en venta dicho bien sólo en el mismo caso señalado en los párrafos precedentes.

II] Al admitirse la doble representación de los consumidores se adopta una hipótesis bastante fuerte –en forma innecesaria, como se verá más adelante– sobre estos agentes. En efecto, al suponer que cada consumidor desempeña dos funciones independientes se debe admitir que elige dos conjuntos de vectores de transacciones dentro de dos conjuntos de planes diferentes para cada sistema de precios dado.

Cabe señalar que el propio Debreu, en una presentación posterior de su modelo, dejó de proponer la doble representación a la que se hizo referencia y modificó ligeramente la definición de los planes de consumo.

La definición que ofrece es la siguiente:

El consumo del i-ésimo consumidor (i = 1,2,…,m) es una *l*-lista de las cantidades de las diversas mercancías que él consume o produce –siendo estas últimas típicamente trabajo humano.[8]

Es preciso agregar que, pese a la introducción de la palabra producción en esta definición, los vectores de transacciones aquí definidos son los mismos que los vectores de consumo definidos en el texto anterior.

En efecto, por una parte la producción a la que se hace referencia aquí no es la misma que la que caracteriza a las empresas; en caso de serlo, los conjuntos X_i tendrían que satisfacer las mismas hipótesis que los conjuntos Y_j, cosa que no se supone en el texto citado.

[8] Véase G. Debreu (1982), p. 703.

Por otra parte, al comentar el supuesto de que los conjuntos X_i están acotados por abajo, Debreu señala que:

La hipótesis de acotamiento por abajo de los conjuntos de consumo es fácilmente justificable debido a que la cantidad de cualquier mercancía que un individuo consume está acotada inferiormente por el cero, mientras que la cantidad de cualquiera de los tipos de trabajo que produce durante un cierto período está obviamente acotada por arriba en valor absoluto.[9]

Esta cita demuestra que los vectores de consumo no pueden contener ofertas de bienes diferentes del trabajo, ya que si eso fuera posible, la cota inferior para las transacciones que pueden llevarse a cabo, al menos para algunos bienes diferentes del trabajo, sería inferior a cero.

A.I.3. REDEFINICIÓN DE LOS CONJUNTOS DE TRANSACCIONES POSIBLES PARA LOS CONSUMIDORES

Me parece que la dificultad que se acaba de argumentar se puede resolver de una manera completa y relativamente sencilla introduciendo, para el caso de los consumidores, una definición diferente de los conjuntos de transacciones posibles, como la que se propone en la sección 1.2.

Esta última se distingue de la anterior porque en ella se representan de otra forma las dotaciones iniciales de cada agente y también sus planes de consumo.

Los cambios se justifican debido a que en la representación original la totalidad de los recursos iniciales es ofrecida por sus propietarios en la primera fecha.[10] Sin embargo, si suponemos que estos bienes conservan sus propiedades físicas, no parece haber ninguna razón para que no se les pueda ofrecer en fechas posteriores.

Por otra parte, las modificaciones permiten que los consumidores tengan acceso a los diferentes mercados, lo cual caracteriza a los conjuntos de producciones posibles.

[9] Véase G. Debreu (1982), p. 711.

[10] Véase la nota 4.

No es difícil verificar que, gracias a ellas, se superan las limitaciones que hemos señalado en la definición habitual. En efecto, ahora los consumidores pueden ofrecer sus dotaciones iniciales en cualquier fecha y, por otra parte, también pueden vender los bienes que hayan usado, aun cuando el precio de la venta sea inferior al que ellos pagaron al comprarlos.

Conviene observar que los conjuntos de transacciones técnicamente posibles para los consumidores, así definidos, no se distinguen en esencia de los conjuntos de transacciones accesibles a los productores.

Esto no presenta inconveniente alguno, ya que no afecta la distinción esencial entre los dos tipos de agentes, la cual consiste en el criterio de maximización que utiliza cada uno de ellos en todas sus decisiones económicas.

En efecto, según las nuevas definiciones, la elección del consumidor consiste en maximizar, dado p, una función de utilidad sobre el conjunto $X_i \cap \{x \in R^l \mid xp \leq \Sigma_j \theta_{ij} \Pi_j (p)\}$.

Ahora bien, la adopción de las hipótesis A.6-A.8 con respecto a los conjuntos X_i que se definen en la sección 1.2. es suficiente para que exista una función de utilidad continua y creciente definida sobre cada uno de ellos.[11]

En la sección siguiente se demostrará el carácter compacto de los nuevos conjuntos de transacciones compatibles con dotaciones iniciales finitas.

A.I.4. EL ACOTAMIENTO DE LOS CONJUNTOS DE PRODUCCIONES POSIBLES Y LAS DOTACIONES INICIALES

Un aspecto esencial del modelo que se está estudiando es la demostración del carácter compacto de los conjuntos de planes de producción que son compatibles con la condición finita de los recursos iniciales.

[11] Véase K. Arrow y H. Hahn (1971), teorema 1, capítulo 4.

Esta demostración descansa en una hipótesis con respecto al conjunto *Y*, la cual no se puede deducir de las propiedades adoptadas con respecto a los conjuntos individuales de producción. Conviene ilustrar esta afirmación con la cita siguiente:

Supuesto 4. Si $y \in Y$ y $\Sigma_j y_j \geq \theta$, entonces $y = \theta$.

S.3.4. define el problema de la escasez cuando

$$\Sigma_j y_j > \theta$$

enuncia que la sociedad no puede producir algo a cambio de nada mediante ninguna organización de su aparato productivo.

Es importante observar que esta propiedad básica de un conjunto de posibilidades sociales de producción no puede deducirse de las propiedades correspondientes de los conjuntos de posibilidades de producción de las empresas. Si en S.3.4. Se hace $y_j = \theta$ para todas las empresas menos una, se puede deducir el enunciado correspondiente para una empresa. Es decir, no puede ser que $y_j > \theta$ para ningún posible $y_j \in Y_j$. Pero la inversa no es cierta; de este último enunciado no puede deducirse S.3.4. Por ejemplo, si la empresa A produce 2 unidades del bien 2 con una unidad del bien 1, y la empresa B produce dos unidades del bien 1 con 1 unidad del bien 2, ninguna de las dos empresas tendrá productos sin insumos, pero en conjunto pueden tener un producto neto de 1 unidad de cada uno de los dos bienes sin insumos netos.

Cuando

$$\sum_j y_j = 0,$$

S.3.4. afirma después que ningún proceso productivo socialmente posible, no trivial, puede ser destruido completamente por otro. Para la validez de este postulado de irreversibilidad basta con que exista por lo menos un insumo no producido que se necesite, en forma directa o indirecta, para toda producción; la mano de obra es un ejemplo obvio. Alternativamente, si la producción requiere tiempo y se distinguen bienes con fechas distintas, la inversión de un proceso requeriría que algunos productos precedieran a los insumos correspondientes.[12]

[12] Vease K. Arrow y H. Hahn (1971), pp. 81 y 82.

Conviene observar que la condición de que exista un insumo que se requiera en forma directa o indirecta en todo proceso de producción no es suficiente para asegurar la validez de S.3.4. En efecto, en el ejemplo de las dos empresas citadas más arriba, el bien 1 se utiliza de manera directa en la producción del bien 2 y de manera indirecta en la producción del bien 1, lo cual no impide que el producto combinado de éstas contradiga a S.3.4.

Por otra parte, es importante subrayar el segundo argumento. Es decir, que los procesos de producción requieren de un lapso que media entre una manipulación inicial de los medios de producción y la obtención del producto terminado. Su interés reside en que esto permite precisar el concepto de plan de transacciones técnicamente posible, lo cual a su vez da lugar a una simplificación en los supuestos del modelo.

Se puede formalizar lo anterior mediante la hipótesis 5, que se encuentra en la sección 1.2.

Dicho supuesto nos dice que, desde un punto de vista técnico, no se puede llevar a cabo una oferta sin que antes se haya realizado una demanda.

Además del argumento señalado con respecto al tiempo en los procesos de producción, conviene recordar que, de acuerdo con A.11., los productores carecen por completo de recursos al principio del período. Por ello, podrían hacer ofertas sin demandas solamente en el caso extremo de que ofrecieran bienes económicos a partir de otros que no lo fueran.

Conviene agregar que las empresas puramente comerciales no están exentas de esta condición ya que, dada su carencia de recursos iniciales, pueden hacer ofertas sólo en fechas posteriores a aquellas en las que efectúan alguna demanda. En efecto, los diferentes instantes dentro de un mismo período elemental de tiempo son "indistinguibles desde el punto de vista del análisis"[13] lo cual obliga al empresario a presentar cualquier oferta en una fecha posterior a la de la primera demanda, por lo menos.

La simplificación señalada en los supuestos del modelo consiste en que H.5. implica A.4. –lo que es evidente– y que, por otra parte,

[13] Véase G. Debreu (1959), p. 29.

también implica el supuesto S.3.4.

En efecto, dada cualquier colección de n planes de producción, uno por cada productor, es imposible que al sumarlos se obtenga un vector en el que haya por lo menos una oferta no nula sin que haya demandas. Para verificar esto, obsérvese que en una colección de planes de producción en cuya suma hay una oferta no nula tiene que existir al menos un plan individual en el que haya una oferta no nula y, de acuerdo con H.5., también una demanda no nula.

Considérese la fecha correspondiente a la primera demanda –en el orden temporal– no nula dentro de la colección mencionada: de acuerdo con H.5., en esa fecha no habría ninguna oferta en los vectores de la colección. Esto significa que al sumar las transacciones correspondientes a esta fecha habría por lo menos un mercado en el que se hace una demanda, lo cual implica S.3.4.

En consecuencia, la adopción de la hipótesis H.5. permite establecer la propiedad global mencionada más arriba y, por lo tanto, el acotamiento de los conjuntos de transacciones compatibles con dotaciones iniciales finitas, como una consecuencia de las propiedades de los conjuntos de producción individuales.

Por otra parte, cabe agregar que la validez de la propiedad global señalada no implica la presencia del orden temporal establecido en la hipótesis 5. Las otras hipótesis tampoco la implican, salvo en los casos cubiertos por la hipótesis de irreversibilidad, aunque dicho orden constituya –por razones obvias– una hipótesis implícita en el modelo de Arrow-Debreu.

En efecto, la adopción de la hipótesis S.3.4. por Arrow y Hahn, así como de la hipótesis equivalente por Debreu[14] no excluye la posibilidad de que alguna empresa ofrezca en una fecha dada bienes cuya producción requiere de insumos que se producirán con posterioridad: *sólo excluye la posibilidad de que, en el caso de que esto suceda, se anulen las demandas globales de las empresas si éstas hacen por lo menos una oferta global superior a cero.*

Para ilustrar esta situación, se hará referencia al ejemplo de Arrow y Hahn ya citado, suponiendo que la fecha de entrega del bien 2 es posterior a la del bien 1. Al adoptar S.3.4. se excluye la

[14] Véase G. Debreu (1959), p. 77.

posibilidad de que los dos planes referidos sean posibles de manera simultánea. Sin embargo, nada impide que junto con el plan indicado de la empresa A, la empresa B realice el plan consistente en producir un cuarto de unidad del bien 1 con una unidad del bien 2.

Finalmente, en el apéndice A.A.I., se presenta una demostración del carácter acotado de los conjuntos de transacciones viables que no requiere de ninguna hipótesis particular con respecto al conjunto *Y*.

ANEXO I I

LA MERCANCÍA PATRÓN EN LA TEORÍA DE PIERO SRAFFA

En este anexo se examinarán las conclusiones expuestas por Sraffa (1960) a propósito de la unicidad de la mercancía patrón y de la "invariabilidad" de su valor. El propósito de este anexo es demostrar que, en general, dichas conclusiones no son correctas.

Primero se demostrará que –bajo ciertas condiciones– es posible definir varias mercancías homotéticas sobre la base del mismo sistema de producción original. Esto permitirá estudiar cómo inciden los cambios en la distribución del ingreso sobre el precio relativo de dos mercancías homotéticas diferentes.

En seguida se examinará la argumentación desarrollada por Sraffa para establecer la tesis de la "invariabilidad" del valor de la mercancía patrón y señalaremos las insuficiencias de su demostración.

A.II.1. PLURALIDAD DE LAS MERCANCÍAS HOMOTÉTICAS

En el apéndice B de su libro Sraffa presenta un sistema donde se produce una mercancía que entra en su propia producción en una proporción superior a $1/(1 + R)$ donde R es la máxima tasa de ganancia en el sistema patrón, formado exclusivamente por los bienes fundamentales.

El autor considera esta situación como muy rara y en otro texto la califica de aberrante.[1] Su interpretación no puede ser evaluada debidamente si no se toman en cuenta consideraciones de orden empírico que sería difícil abordar aquí, las cuales –por otra parte–

[1] Sraffa califica esta situacion de aberrante en la nota al parágrafo 35 y la considera como muy rara en su intercambio de cartas con Peter Newman, publicado en G. Facarello, (1977).

tampoco se encuentran en los trabajos de Sraffa.

Sin embargo, es importante indicar que en los casos de este tipo se puede definir varias mercancías homotéticas sobre la base de un mismo sistema de producción original, lo que permite estudiar el efecto de un cambio en la distribución del ingreso sobre el precio relativo de dos mecancías homotéticas diferentes (véase el apéndice D.1.). Esto se mostrará por medio de un ejemplo.

Se considera un sistema donde se producen sólo dos bienes g_1 y g_2 cuyos costos de producción están definidos por las ecuaciones siguientes:

Sistema [A.I.1.][2]

$$0.1\, p_1\,(1 + r) \qquad\qquad\qquad\qquad + l_1\, w = p_1$$

$$0.2\, p_1(1 + r) + 0.2\, p_2(1 + r) + l_2\, w = p_2$$

A partir de este sistema, se pueden definir dos sistemas homotéticos distintos, que se presentan a continuación.

Sistema [A.I.2.]

$$0.1\, p_1(1 + R) + l_1\, w = p_1$$

Este sistema se ha obtenido multiplicando las ecuaciones del sistema 1 por los factores $q_1 = 1$ y $q_2 = 0$ respectivamente. En todas las fases de la producción de g_1 la proporción entre las cantidades de trabajo y de medios de producción utilizados es –cuando r = 0– igual a 9 (véase el apéndice D.4.). Para que la cantidad de trabajo utilizada en este sistema sea la misma que en el original basta con multiplicar su ecuación de producción por $1/l_1$.

[2] l_1 y l_2 son, respectivamente, las fracciones del total del trabajo usadas en las ramas 1 y 2.

Sistema [A.I.3.]

$$0.1\, p_1(1 + r) \qquad + \qquad l_1 w = p_1$$
$$0.1\, p_1(1 + r) + 0.1\, p_2(1 + r) + 0.5\, l_2\, w = 0.5\, p_2$$

Este sistema se ha obtenido multiplicando las ecuaciones del sistema [A.I.1.] por los factores $q_1 = 1$ y $q_2 = 0.5$, respectivamente. Un quinto del total producido de cada bien se utiliza como medio de producción, y la proporción entre cantidades de trabajo y de medios de producción usados en cada una de las fases de la elaboración del producto neto, es igual a 4. Para que el sistema [A.I.3.] emplee la misma cantidad de trabajo que el sistema original, basta con multiplicar sus dos ecuaciones por el factor $1/(l_1 + 0.5l_2)$.

Si se hacen las sumas, ecuación por ecuación, de los sistemas 2 y 3, se obtiene el sistema [A.I.4.], donde se producen de manera simultánea las dos mercancías homotéticas $E_1 = g_1$ y $E_2 = (g_1, 0.5g_2)$.

Sistema [A.I.4.]

$$0.2\, p_1(1 + r) \qquad + \quad 2l_1\, w = 2p_1$$
$$0.1\, p_1(1 + r) + 0.1\, p_2(1 + r) + 0.5l_2\, w = 0.5p_2$$

Para que este sistema utilice la misma cantidad de trabajo que el sistema original, basta con multiplicar sus dos ecuaciones por el factor $1/(2l_1 + 0.5l_2)$.

Ahora, se puede estudiar directamente en este sistema el efecto de los cambios en la distribución del ingreso sobre el precio relativo de dos mercancías homotéticas. Considérese el valor de E_1 en relación con el de E_2: el cociente $p_1/(p_1 + .5p_2)$ varía entre un valor determinado superior a cero cuando r = 0, y 0 cuando r = 4 (véase el apéndice D.3.). Por otra parte, dado que se trata de una función contínua de r, este cociente toma todos los valores comprendidos entre su nivel inicial y cero, a medida que r aumenta entre 0 y 4.

Estos resultados permiten mostrar, en la sección siguiente, que las conclusiones a las que llegó Sraffa a propósito del valor de la mercancía patrón no son correctas en general.

A.II.2. LA "INVARIABILIDAD" DEL VALOR DEL PATRÓN HOMOTÉTICO

De acuerdo con Sraffa:

A] una mercancía que haya sido producida de manera que la proporción entre cantidades de trabajo y de medios de producción utilizados sea la misma en todas las fases sucesivas de su producción, no tendría necesidad de "aumentar o descender su valor en relación con cualquier otra mercancía cuando los salarios se elevaran o descendieran" (∮ 21).[3]

B] "Es verdad que, a medida que los salarios descienden, tal mercancía no sería menos susceptible que cualquier otra de aumentar o descender en precio con respecto a otras mercancías individuales; pero sabríamos con certeza que tal fluctuación tendría su origen exclusivamente en las peculiaridades de la producción de la mercancía que estaba siendo comparada con ella y no en las de su propia producción" (∮ 23).

Estas dos proposiciones son incorrectas.

Por una parte, A es incorrecta puesto que en el sistema 4 se utiliza una misma proporción –para cada mercancía– entre cantidades de trabajo y de medios de producción en todas las fases sucesivas de su producción (véase el apéndice D.3.) y, no obstante, su precio relativo se modifica cuando la distribución del ingreso cambia.

Por otra parte, B está igualmente equivocada.

En efecto, si en el ejemplo que estudiamos, las variaciones del valor relativo de una de las dos mercancías –E_1 y E_2– se atribuye sólo a las condiciones de producción de la mercancía con la cual se compara, la tesis de Sraffa resulta descalificada en los dos casos posibles. Para ello basta con considerar la relación de intercambio inversa.

[3] Se indica entre paréntesis el parágrafo de *Producción de mercancías...* de donde proviene cada cita. Todas las citas corresponden a la edición española de Oikos-Tau, salvo leves modificaciones que se efectuaron con base en el original inglés.

En consecuencia, de la misma manera que con los otros bienes, no se puede asegurar de que una mercancía homotética no necesita cambiar su precio –independientemente de las particularidades de su producción– sino cuando se emplea como unidad de medida esta misma mercancía o alguna otra que guarda con ella una relación de intercambio constante.

En la sección siguiente se mostrará que si se supone que en el sistema de referencia hay una sola mercancía homotética se llega a los mismos resultados.

A.II.3. EL VALOR DE LA MERCANCÍA PATRÓN Y LA "PROPORCIÓN CRÍTICA"

Sraffa llegó a las conclusiones A y B sobre la base de los análisis que desarrolla en el capítulo 3 de su libro. A partir de su argumentación, se mostrará que:

1. El razonamiento desarrollado en el capítulo 3 es suficiente para demostrar las conclusiones arriba citadas, solamente en los casos en que la variación en la distribución del ingreso considerada consiste en la disminución del salario –medida con el producto neto– de $w_1 \in]0, 1]$ hasta cero.

2. La puesta en evidencia de esta condición tiene como consecuencia que, sobre la base de los argumentos presentados en el capítulo 3, el valor de la mercancía patrón se debe considerar tan susceptible de sufrir variaciones como el precio de cualquier otra mercancía. Esto se debe a las particularidades de su producción, contrariamente a lo que se indica en las citas presentadas con anterioridad.

A continuación se expondrán estos dos puntos sucesivamente:

En el capítulo 3 de su libro, Sraffa ha demostrado que las proposiciones siguientes son correctas.

C] Habría una "proporción crítica" entre el trabajo y los medios de producción, que marcaría la frontera entre las industrias con “déficit” y con “excedente” (∮ 17) si “los precios permanecen de hecho inalterados cuando el salario disminuye y [...] una tasa de ganancia aparece” (∮ 16).

D] Una rama industrial que utiliza la “proporción crítica” entre el trabajo y los medios de producción en todas las fases sucesivas de su producción “no experimentaría la necesidad, resultante de las condiciones de producción en la propia industria, de aumentar o descender en valor su producción en relación con cualquier otra mercancía cuando los salarios se elevaran o descendieran...” (∮ 21).

E] Cuando hacemos el salario igual a cero y la totalidad del producto neto va a los beneficios ...” La única “razón-valor” que puede no variar ante los cambios en el salario, y que es por lo tanto, capaz de ser “recurrente” en el sentido definido en la sección 21, es aquella que es igual a la tasa de ganancia que corresponde al salario cero. Ésa es la razón “equilibrada”.

Por otra parte, una mercancía producida de tal manera que la proporción entre el valor del producto neto –de la rama correspondiente– y el valor de sus medios de producción es la misma en todas las fases sucesivas de su elaboración cuando w = 1, posee también una proporción entre cantidades de trabajo y de medios de producción que es la misma en cada una de estas fases (véase el apéndice D.3). En consecuencia:

F] Cuando el salario disminuye hasta cero la “proporción crítica” es igual a R.

Como consecuencia de D, de F y del hecho de que la mercancía homotética posee en todas las fases sucesivas de su producción una proporción entre cantidades de trabajo y de medios de producción igual a R cuando (w = 1), se llega a la siguiente conclusión:

G] La mercancía homotética "no experimentará la necesidad, resultante de las condiciones de producción en la propia industria, de aumentar o descender en valor en relación con cualquier otra mercancía cuando los salarios...descendieran hasta cero".

Este resultado se entiende de la siguiente manera:[4]

Sea h la mercancía homotética y V el valor de los medios de producción utilizados en su producción cuando el salario es igual a w_1. Cuando el salario y los precios se miden con el producto neto del sistema, la siguiente ecuación se verifica $\forall\ w_1$ tal que $1 > w_1 \geq 0$.

[A.II.1.] $$V(1 + r_1) + l_h\ w_1 = (1 + R)\ V$$

En ella l_h es la cantidad de trabajo utilizada y r_1 la tasa de ganancia correspondiente.

Se parte del supuesto de que los precios se mantienen de hecho fijos cuando el salario disminuye desde w_1 hasta cero. La h-ésima industria estaría igualmente "en equilibrio" con el nuevo valor del salario y la tasa de ganancia correspondiente. En efecto, al sustituir en la ecuación [A.II.1.] w_1 por 0 y r_1 por R, se obtiene:

[A.II.2.] $$V(1 + R) + 0 = (1 + R)\ V$$

Por otra parte, esto también es válido para todas las otras fases de la producción de h (véase el apéndice D.3.), en consecuencia, debido a las particularidades de su producción, esta industria no tendrá necesi-

[4] Según el parágrafo 13, la unidad de medida utilizada en el capítulo 3 –al menos al principio– es el producto neto del sistema. Sin embargo, en la nota al parágrafo 15 así como también en el 16, Sraffa sugiere que toda otra unidad de medida es igualmente válida. En consecuencia, se puede utilizar exclusivamente el producto neto como unidad de medida para el estudio del capítulo 3. Conviene agregar que las conclusiones a las que se llega aquí son igualmente válidas si se consideran otras unidades de medida, siempre que se utilice la misma a lo largo de todo el razonamiento.

Por otra parte, para simplificar la exposición se hablará de manera indistinta de mercancías simples y compuestas. También se partirá del supuesto de que en el sistema de referencia se produce una sola mercancia homotética.

dad, de modificar el precio inicial de su producción, cuando la distribución del ingreso cambia de la manera indicada.

Es posible que el precio de h cambie en relación con el de algún otro bien –en este caso con relación al producto neto– pero se puede afirmar que esta variación no es necesaria en lo que respecta al "equilibrio" en las diferentes fases de la producción de h.

En este sentido, la tesis de Sraffa resulta correcta para toda reducción del salario de w_1 hasta cero $\forall\ w_1 \in [1,0]$. Sin embargo, este autor no ha demostrado que h posea la propiedad indicada en la proposición G] para todos los cambios posibles de la distribución del ingreso. En efecto, en el contexto del capítulo 3 hubiera sido necesario probar que R es la "proporción crítica" que corresponde a todas las variaciones posibles de la distribución del ingreso entre salarios y ganancias.

Ahora bien, éste no es siempre el caso, como se verá en seguida. En efecto:

H] Cuando el salario, medido con el producto neto cambia de w_1 a w_2 ($1 \geq w_1 \geq 0$ y $1 \geq w_2 > 0$) "la proporción crítica" es igual a R solamente si el valor relativo del producto neto en relación con h no se ve modificado.

Prueba. Supóngase que el valor del producto neto cambia en relación con h cuando el valor del salario cambia de w_1 a w_2 y que, al mismo tiempo, la "proporción crítica" es igual a R. Se demostrará cómo se llega a una contradicción. Sea r la tasa de ganancia que aparece como consecuencia de este cambio. Puesto que por hipótesis, R es la "proporción crítica" y h ha sido producido utilizando esta proporción en todas las fases sucesivas de su producción, se sigue que la h-ésima industria tiene que estar "en equilibrio" sobre la base de los precios iniciales, según la definición de la "proporción crítica". En consecuencia se tiene que verificar la siguiente ecuación:

$$\text{[A.II.3.]} \qquad V(1 + r_2) + l_h\, w_2 = (1 + R)\, V$$

En ella V es el valor de los medios de producción utilizados en esta rama –medidos con el producto neto– cuando el salario es igual a w_1.

Se supone ahora que los precios no permanecen fijos en sus niveles iniciales sino que pueden cambiar para restaurar el equilibrio en todas las industrias. La ecuación de producción de la h-ésima rama industrial será:

[A.II.4.] $$V' (1 + r_2) + l_h w_2 = (1 + R)V'$$

Aquí, V' es el valor de los medios de producción de h, medido con el producto neto.

A diferencia de lo que ocurre cuando $w_2 = 0$, si $w_2 > 0$, las ecuaciones [A.II.3.] y [A.II.4.] se pueden satisfacer simultáneamente sólo si V = V'. Pero en este caso, el valor del producto neto en relación con h será el mismo antes de (1/V) como después (1/V') del cambio del salario. Esto contradice la hipótesis adoptada en un principio, lo que termina la demostración de la proposición H].

De acuerdo con la proposición H], si el precio relativo del producto neto con respecto a h no es el mismo antes y después del cambio en el salario la "proporción crítica" correspondiente a esta variación de la repartición (R') será diferente de R. Por ello el valor de h deberá cambiar puesto que, a causa de las particularidades de su producción las diferentes fases de su elaboración se encontrarían –todas juntas –ya sea "en exceso" ya sea "en déficit".

En efecto, la única mercancía producida con la misma proporción entre cantidades de trabajo y de medios de producción en todas las fases de su elaboración que puede conservar su valor original, a pesar de este cambio en la distribución del ingreso, debe tener una "proporción crítica" igual a R'. Esto es así, independientemente de la posibilidad de definir tal mercancía sobre la base del sistema de referencia.

En consecuencia, el valor relativo de h con respecto al producto neto debe cambiar –a causa de las particularidades de la producción de h– cuando el precio del producto neto cambia en relación con h ($\forall\ w_2 > 0$).

De esta manera, la misma condición que es necesaria para la estabilidad del valor relativo de h con respecto al producto neto es suficiente para garantizar la invariabilidad del precio relativo de todo otro bien; es decir, que el bien con el que se compara no cambia de valor en relación con él.

Por lo tanto, h posee la "proporción crítica" para todos los cambios posibles de la distribución del ingreso, solamente si se utiliza como unidad de medida esta misma mercancía o bien otra que guarde con ella una relación de intercambio constante. En efecto, sólo en este caso se puede asegurar que la industria que la produce no tiene necesidad de cambiar el precio de su producción, cualquiera que sea la variación del salario considerado.

Sin embargo, esto es válido para todo otro bien (b): en efecto, cuando se escoge un bien como unidad de medida, se fija por este hecho su valor igual a la unidad y se agrega de esta manera una condición más a la determinación del sistema de precios.

En estas condiciones, cuando la distribución del ingreso cambia y una nueva tasa de ganancia aparece, el conjunto de los precios se modifica para restablecer el "equilibrio" en todas las industrias, en función de:

a] Las condiciones de producción de los bienes definidas en las ecuaciones de producción.
b] La ecuación $p_b = 1$.

En consecuencia, cualesquiera que sean las particularidades de la producción de b, se puede afirmar que la tasa de ganancia y los precios que surgen después de un cambio en la distribución del ingreso restablecen "el equilibrio" en todas las fases de la producción de b, sin que el precio de este bien resulte modificado.

Con respecto a esto, lo que es propio de h es que cuando se lo utiliza como unidad de medida, no solamente esta mercancía, sino además los conjuntos de medios de producción utilizados en cada una de las fases de su elaboración, conservan su precio a pesar de los cambios en el salario. De esta manera, si los precios se mantienen de hecho invariables cuando la repartición se modifica la industria homotética estaría en "equilibrio" en todas estas fases sobre la base de los precios originales.

Por el contrario, si se utiliza otra unidad de medida b, resulta normal que el valor de los conjuntos de medios de producción empleados en las diferentes fases de su elaboración cambie cuando la distribución del ingreso se modifica. En este caso, si los precios se mantienen de hecho invariables cuando el salario se modifica y una nueva tasa de ganancia aparece, ciertas fases de la producción de b podrían estar "en excedente" mientras que otras podrían estar "en déficit".

Sin embargo, esto no significa que el precio de la producción de la b-ésima rama industrial deba cambiar. Al contrario, como ya se ha señalado, independientemente de las condiciones de producción de b, la b-ésima industria no tendrá necesidad de modificar el precio de su producción a pesar de todas las variaciones que un cambio en el salario pueda traer sobre la tasa de ganancia y los precios.

En consecuencia, las particularidades de la producción de h no agregan nada a la invariabilidad de su precio, cuando se lo utiliza como unidad de medida, con respecto a la invariabilidad del precio de todo otro bien que se utilice en esta función.

Por último, dado que h es una fracción alícuota de la mercancía patrón, lo que se acaba de indicar a propósito de la primera es también válido en relación con la segunda.

APÉNDICE A

En este apéndice se demostrarán algunas proposiciones enunciadas en el capítulo 2 y en el anexo I.

A.A.1. ACOTAMIENTO DE LOS CONJUNTOS DE PRODUCCIONES POSIBLES

El carácter acotado de los conjuntos individuales de planes de transacciones posibles para los productores se puede establecer directamente con base en los supuestos adoptados con respecto a los conjuntos individuales de transacciones.

Para sustentar esta afirmación se demostrará el siguiente teorema.[1]

Teorema A.A.1. Para cada h existe una cota superior finita N_h para las transacciones viables que puede llevar a cabo cada uno de los agentes con el bien h.

Prueba. Para verificar este teorema se demostrará que la suposición de que no es válido, conduce a una contradicción:

Sea $s^q = s^1, s^2, s^3 \ldots$ una sucesión cualquiera de colecciones de planes de transacciones y, para cada n, sea t_n el más grande de los valores absolutos de las coordenadas del vector s^n.

Si el teorema no es válido, entonces es posible encontrar una colección de planes de transacciones viables en donde haya por lo menos una oferta de cualquier magnitud dada. De esta manera, es

[1] En esta sección utilizamos la notación presentada en el anexo I –salvo para los vectores w_i– y también adoptaremos la definición de los planes de transacciones viables ofrecida en G. Debreu (1959). Esta última se distingue de la que escogimos en este libro porque utiliza el símbolo "=" en vez de "≤" en la fórmula [a] de la presente demostración.

No es difícil verificar que, con relación a este teorema, las dos definiciones son equivalentes.

posible formar una sucesión de colecciones viables s^q en la cual haya por lo menos una oferta no nula en cada uno de sus elementos y en la que también, para cada n > 1 se verifique que hay por lo menos una oferta de una magnitud mayor o igual al doble del monto de la oferta más grande en el término anterior.

Puesto que cada vector x_i es igual a la suma de un vector de transacciones técnicamente posibles x_i y de un vector de dotaciones iniciales w_i se puede sustituir en cada uno de los términos de s^q cada uno de vectores x_i por la pareja (x_i,w_i) correspondiente. Por otra parte, como cada término de s^q es viable se verifica la igualdad:

$$[a] \quad \Sigma_i x^n_{ih} - \Sigma_j y^n_{jh} + \Sigma_i w^n_{ih} = 0 \ \forall \text{ h y } \forall \text{ n.}$$

Ahora bien, esta ecuación no se altera si se dividen sus dos miembros por t_n. Esto implica que todos los elementos de la sucesión $s^{q'}$ que se obtiene dividiendo cada uno de los elementos de s por el término t_n correspondiente son viables.

Conviene señalar que cada uno de los elementos de $s^{q'}$ está integrado por planes que pertenecen a los conjuntos de planes de transacciones individuales correspondientes. Esto se desprende del supuesto de convexidad de estos conjuntos y del hecho de que dichos planes se encuentran en el segmento de recta que une al origen de R^H con el vector correspondiente de s^q.

Por otra parte, en cada elemento de $s^{q'}$ el valor absoluto de cada una de las cordenadas es inferior o igual a 1 y es igual a 1 para una coordenada, por lo menos. En consecuencia, se puede extraer de $s^{q'}$ una subsucesión $s^{q''}$ convergente en cuyo límite (s^0) hay al menos una coordenada cuyo valor absoluto es igual a 1.

Obsérvese que las dotaciones iniciales son finitas mientras que la magnitud de t_n tiende a infinito. Esto significa que el límite de las sucesiones formadas por los vectores de dotaciones iniciales que aparecen en los elementos de $s^{q''}$ es igual al origen de R^H para cada i.

Por otra parte, puesto que cada uno de los conjuntos de transacciones técnicamente posibles son cerrados, cada uno de los vectores de transacciones individuales que integran s^0 pertenece al conjunto de planes de transacciones correspondiente.

En consecuencia, existe una colección de planes de transacciones s^0 en la que hay por lo menos una transacción de magnitud igual a una unidad, y en la cual [a] se verifica para cada h al mismo tiempo que $\Sigma_i w_{ih}{}^0 = 0 \ \forall$ h.

Para probar que este resultado contradice a la hipótesis 5, considérese la primera fecha en la que se hace una transacción no nula dentro de s^0: de acuerdo con esta hipótesis, se trata de una demanda. Por el mismo supuesto, todas las transacciones correspondientes a esta fecha tienen que ser demandas, lo que significa que la desigualdad [a] correspondiente al menos a uno de los bienes definidos en esta fecha no se puede verificar, ya que existe al menos una demanda no nula de alguno de ellos mientras que no hay ninguna oferta no nula de estos bienes.

A.A.2. TRES LEMAS NECESARIOS PARA LA DEMOSTRACIÓN DEL TEOREMA 1

Sea $p = (p_1, p_2, \ldots, p_n)$ un vector de R^n en el que $p_k > 0 \ \forall$ k. En los lemas 1 y 3 se hará referencia a un sistema de precios de este tipo.

Lema 1. Si p satisface [2.4.1.] entonces para cada e ∈ E se verifica que $\lim\limits_{T\to\infty} a_{ej}^T = 0$ y $D_{ej} \geq 0 \ \forall$ j, además $D_{ej} > 0$ para al menos un j.

Prueba. Sea $Y_k = (\sum\limits_j a_{kj} p_j)/p_k$ para cada k,j $\geq$ n y sea $Y_b \geq Y_k$ $\forall$ k.

Obsérvese que, puesto que para cada $k \leq n$, $a_{kj} > 0$ para al menos un $j > n$, se verifica que $Y_b < 1$.

Por otra parte, de acuerdo con lo que se acaba de señalar

$$Y_b p_k \geq \sum_j a_{kj} p_j \qquad \forall k$$

⇒

$$Y_b a_{ek}^T p_k \geq a_{ek}^T \sum_j a_{kj} p_j \qquad \forall k$$

⇒

$$Y_b \sum_{k \in Ce}^{k \neq e} a_{ek}^T p_k \geq \sum_{k \in Ce}^{k \neq e} a_{ek}^T \sum_j a_{kj} p_j$$

$$\Rightarrow$$

$$Y_b \sum_{k \in Ce}^{k \neq e} a_{ek}^T p_k \geq \sum_j \sum_{k \in Ce}^{k \neq e} a_{ek} a_{kj} p_j = \sum_j a_{ej}^{T+1} p_j$$

De esta forma, para todo $T \geq 1$ se tiene la serie de $T-1$ ecuaciones siguientes:

[1] $$Y_b \sum_{k \in Ce}^{k \neq e} a_{ek}^1 p_k \geq \sum_{k \in Ce} a_{ek}^2 p_k$$

[2] $$Y_b \sum_{k \in Ce}^{k \neq e} a_{ek}^2 p_k \geq \sum_{k \in Ce} a_{ek}^3 p_k$$

$\vdots \qquad \vdots \qquad \vdots$

[T–1] $$Y_b \sum_{k \in Ce}^{k \neq e} a_{ek}^{T-1} p_k \geq \sum_j a_{ej}^T p_j$$

Con la ecuación [1] se obtiene:

$$(Y_b)^2 \sum_{k \in Ce}^{k \neq e} a_{ek}^1 p_k \geq Y_b \sum_{k \in Ce} a_{ek}^2 p_k$$

Con esta ecuación y la [2] se obtiene:

$$(Y_b)^2 \sum_{k \in Ce}^{k \neq e} a_{ek}^1 p_k \geq \sum_{k \in Ce} a_{ek}^3 p_k .$$

Continuando en forma análoga se obtiene:

$$(Y_b)^{T-1} \sum_{k \in Ce}^{k \neq e} a_{ek}^1 p_k \geq \Sigma_j a_{ej}^T p_j \quad \forall T \in N.$$

Nótese que en esta ecuación $T-1$ es un exponente para Y_b mientras que es un índice para a_{ej}. Como consecuencia de lo anterior:

$$\lim_{T\to\infty} \left(Y_b\right)^{T-1} \sum_{k\in Ce}^{k\neq e} a_{ek}^{1} p_k \geq \lim_{T\to\infty} \sum_j a_{ej}^{T} p_j$$

Ahora bien, puesto que $Y_b < 1$, el límite del lado izquierdo de esta desigualdad es igual a cero. Esto implica que el límite del lado derecho también es igual a cero ya que, para todo T, $a_{ej}{}^{T} p_j \geq 0$ para toda pareja (k,j).

Por otra parte, puesto que el lado derecho de la última desigualdad es igual a $\sum_j \lim_{T\to\infty} a_{ej}^{T} p_j$ y, por hipótesis $p_j > 0 \ \forall$ j se infiere que

$\lim_{T\to\infty} a_{ej}^{T} = 0 \ \forall$ j.

En consecuencia, para cada pareja (e,j) D_{ej} es igual a la suma de una sucesión de números positivos cuyo límite es cero. Por este motivo, cada una de estas variables es igual a un número real superior o igual a cero. Como el primer término de la suma D_{ej} es superior a cero para al menos un j, de acuerdo con H.5., la suma D_{ej} también lo es para al menos un j.

Lema 2. Si $D_{ee} < 1 \ \forall\ e \in E$ entonces $\lim_{T\to\infty} a_{ee}^{T} = 0$.

Prueba. Por una parte, $D_{ee} < 1$ solamente si $\lim_{T\to\infty} a_{ee}^{T} = 0$.

En efecto, si 0 no es el límite de la sucesión $a_{ee}{}^{0}$, $a_{ee}{}^{1}$,... entonces existe $\varepsilon > 0$ tal que $\forall\ t \in N$ se puede encontrar $t' > t$ para el cual $a_{ee}{}^{t'} > \varepsilon$. Esto significa que la sucesión señalada tiene un número infinito de términos superiores a ε por lo cual su suma es superior a 1.

Se considerará ahora el caso de un bien k diferente de e pero que pertenece a la misma clase que e.

Según la definición existe un conjunto de índices (j1,j2,..,js.,k) en el que j1 = e para el cual se verifica:

[a] $\quad a_{k,js} a_{js,j(s-1)} \ldots a_{j2,j1} > 0.$

Por este motivo $a_{ji,e} > 0$ lo que implica que $\lim_{T\to\infty} a_{e,j1}^{T} = 0$. En efecto, de acuerdo con [3.3.2.]:

$$[b] \quad \lim_{T\to\infty} a_{ee}^{T} = \sum_{k\in Ce}^{k\neq e} \lim_{T\to\infty} a_{ek}^{T-1} a_{ke}$$

Ya se ha mostrado que el lado derecho de [b] es igual a cero, lo cual es posible sólo si el coeficiente de $a_{j2,e}$ es igual a cero, ya que todos los términos del lado derecho son positivos.

De manera análoga:

$$\lim_{T\to\infty} a_{e,j2}^{T} = \sum_{k\in Ce}^{k\neq e} \lim_{T\to\infty} a_{ek}^{T-1} a_{k,j2}$$

Como se sabe que $a_{j3,j2} > 0$ se infiere mediante un razonamiento similar al presentado en el caso anterior que $\lim_{T\to\infty} a_{e,j3}^{T} = 0$ y, continuando de la misma forma se obtiene $\lim_{T\to\infty} a_{ek}^{T} = 0 \ \forall\, k \in C_e$.

Se pasa ahora a considerar el caso de un bien $j \in H_e$. De acuerdo con [3.3.2.]:

$$\lim_{T\to\infty} a_{e,j}^{T} = \sum_{k\in Ce}^{k\neq e} \lim_{T\to\infty} a_{ek}^{T-1} a_{k,j}$$

Como ya se demostró que cada término del lado izquierdo contiene un factor igual a cero, se infiere que el término de la derecha también es igual a cero.

Lema 3. Si p es una solución unívocamente determinada para [3.3.4.] entonces satisface también [2.4.1.].

Prueba. Obsérvese que las ecuaciones corespondientes a los bienes que no están en E son las mismas en los sistemas [3.3.4.] y [2.4.1.] salvo por la posición del término a_{ee}. Por este motivo, si p satisface [3.3.4.] entonces satisface también las ecuaciones correspondientes a estos bienes en el sistema [2.4.1.].

Para cada T > 0, se llamará sistema [3.3.3.] al sistema de ecuaciones formado por las ecuaciones de tipo [3.3.3.] correspondientes a los bienes que pertenecen a E para ese valor de T. Se probará primero que si p satisface este sistema para un T cualquiera –se supone que p satisface [3.3.4b.]– entonces también satisface [2.4.1.].

Por construcción, el sistema [3.3.3.] es equivalente al sistema:

$$p_e = \sum_t a_{ee}^{T-1} p_e + \sum_{k \in Ce}^{k \neq e} a_{ek}^{T-1} \left[\sum_j a_{kj} p_j \right] + \sum_{j \in He} \Sigma_t a_{ej}^{T-1} p_j \qquad (e \in E)$$

Por este motivo, si p satisface a este sistema entonces satisface también a los dos sistemas siguientes:

$$p_e = \sum_t a_{ee}^{T-1} p_e + \sum_{k \in Ce}^{k \neq e} a_{ek}^{T-1} p'_k + \sum_{j \in He} \Sigma_t a_{ej}^{T-1} p_j \qquad (e \in E)$$

y

[a] $\quad p'_k = \Sigma_j a_{kj} p_j \qquad (k = 1,2,\ldots,n)$

A su vez, el primero de estos dos sistemas, dada su construcción, se puede escribir bajo la forma:

$$p_e = \sum_t a_{ee}^{T-2} p_e + \sum_{k \in Ce}^{k \neq e} a_{ek}^{T-2} \left[\Sigma_j a_{kj} p_j \right] + \sum_{j \in He} \Sigma_t a_{ej}^{T-2} p_j \qquad (e \in E)$$

Por ello, si p satisface este sistema entonces también satisface al sistema [a] y al sistema:

$$p_e = \sum_t a_{ee}^{T-2} p_e + \sum_{k \in Ce}^{k \neq e} a_{ek}^{T-2} p_k{}' + \sum_{j \in He} \Sigma_t a_{ej}^{T-2} p_j \qquad (e \in E)$$

Si se repite este razonamiento T veces en forma sucesiva, se llega a la conclusión de que si p satisface al sistema [3.3.3.] para el valor dado de T, entonces también satisface [a] y, además, satisface al sistema:

$$p_e = a^0_{ee} p_e + \sum_{k \in Ce}^{k \neq e} a^0_{ek} \left[\Sigma_j a_{kj} p_j \right] + \sum_{j \in He} a^0_{ej} p_j \quad (e \in E)$$

Ahora bien, de acuerdo con [a], se puede escribir este sistema bajo la forma:

$$[b] \qquad p_e = a_{ee} p_e + \sum_{k \in Ce}^{k \neq e} a_{ek} p'_j + \sum_{j \in He} a_{ej} p_j \quad (e \in E)$$

En consecuencia, puesto que p satisface los sistemas [a] y [b] para demostrar que p satisface también [2.4.1.] es suficiente probar que $p_k = p_k' \ \forall$ k. Se hará esto a continuación:

Para cada $k \leq n$ sean $c_k = p_k'/p_k$ y $d_k = 1/c_k$. Por otra parte, sean c_d y d_f los valores máximos de los conjuntos de variables respectivos; se verifica al menos una de las dos proposiciones siguientes:

a] $c_d \geq d_f$
b] $d_f \geq c_d$.

Obsérvese que en el primer caso $c_d \geq 1$ y en el segundo $d_f \geq 1$.

Si a] se verifica, se puede sustituir en la ecuación del sistema [a] correspondiente al bien d el precio p_d' por su equivalente $c_d p_d$ y también los precios del lado derecho de esta ecuación por sus respectivos equivalentes. Se obtiene asi la ecuación:

$$c_d p_d = \sum_j a_{dj} d_j p_j'$$

Ahora bien, si se compara esta ecuación con la correspondiente al bien d en [b] o en [3.3.4b.] se observa que las dos ecuaciones se pueden verificar sólo si $c_d = 1$.

En efecto, en la última ecuación cada uno de los precios del lado derecho ha sido multiplicado por un número inferior o igual al multiplicador del lado izquierdo, mientras que hay por lo menos un término (a_{dj} para un $j > n$) que ha sido multiplicado por 1. En consecuencia, si c_d fuera superior a 1, el lado derecho sería inferior al izquierdo en esta ecuación.

Puesto que $c_d \leq 1$ y, como ya se señaló, $c_d \geq 1$ se concluye que $c_d = 1$.

Por otra parte, por hipótesis c] $c_d \geq c_k \ \forall$ k y también d] $c_d \geq d_k \ \forall$ k. Puesto que $c_d = 1$, lo anterior es posible sólo si $c_k = 1 \ \forall$ k. En efecto, si se supone que $c_k < 1$ para algún k, entonces se tendría $d_k > 1$ lo cual contradice d].

En consecuencia, $p_k = p_k' \ \forall$ k.

Para demostrar este resultado en el caso b], se sustituye en el lado derecho de la ecuación correspondiente al bien f en el sistema [b] o en [3.3.4b.] cada uno de los precios del grupo al que pertenece f –excepto p_f– por la expresión $c_k p_k$ equivalente, y el lado derecho por $d_f p_f'$. Obtenemos así la ecuación:

$$d_f p_f' = a_{ff} p_e + \sum_{k \in Ce}^{k \neq e} a_{fk} c_k p_k + \sum_{j \in He} a_{fj} p_j$$

Si se compara esta ecuación con la que corresponde al bien f en el sistema [a] se puede verificar, mediante un razonamiento análogo al que se desarrolló en el caso a], que ambas ecuaciones se satisfacen en forma simultánea sólo si $p_k = p_k' \ \forall$ k.

En consecuencia, si p satisface los sistemas [3.3.3.] y [3.3.4b.] para cualquier $T \in N$, entonces satisface también [2.4.1.].

Por otra parte, para cada $T \in N$ se llamará sistema [T] al que se forma con las ecuaciones de tipo [3.3.3.] para cada $e \in E$ y las ecuaciones del sistema [3.3.4b.].

De acuerdo con la regla de Cramer, el hecho de que el sistema [3.3.4.] posea una única solución real en la que cada precio es superior a cero significa que el determinante que corresponde a la forna normal de este sistema así como aquellos que esta regla define para la determinación de cada precio son todos diferentes de cero.

Obsérvese que los coeficientes de [3.3.4.] son el límite hacia el cual tiende cada uno de los coeficientes de los sistemas de tipo [T] que se forman cuando T tiende a infinito. Por esta razón se puede encontrar un T' lo suficientemente grande como para que el valor de los determinantes definidos por la regla de Cramer para el sistema [T] para todo T $\geq$ T' tengan el mismo signo que los que corresponden a [3.3.4.].

Por lo tanto, si [3.3.4.] tiene una solución positiva p unívocamente determinada entonces, para todo T $\geq$ T' el sistema [T] tiene una solución positiva p' unívocamente determinada que también satisface [2.4.1.] por lo que se acaba de demostrar.

Para verificar que $p = p'$ se considera la sucesión $p^q = p^1, p^2, \ldots$ formada por los vectores de precios que satisfacen el sistema (T' + q) correspondiente cuando q tiende a infinito. No es difícil verificar que el límite de esta sucesión es p y, además –de acuerdo con lo que se demostró más arriba– que todos los elementos de la sucesión son iguales lo que implica que $p = p'$ terminando así la demostración del lema.

A.A.3. DEMOSTRACIÓN DEL TEOREMA 1

Prueba. Se demostrará primero que la condición definida por el sistema de desigualdades [3.4.1.] es necesaria para que exista un p positivo ($p_j > 0 \ \forall$ j) que satisfaga [2.4.1.].

Obsérvese que [2.4.1.] implica [3.4.1.]. Por este motivo, si p satisface [2.4.1.] entonces también satisface [3.4.1.].

Ahora bien, si el sistema [2.4.1.] tiene una solución positiva entonces, para cada e $\in$ E: $\lim_{T\to\infty} a^T_{ej} p_j = 0$ mientras que $D_{ej} \geq 0 \ \forall$ j y $D_{ej} > 0$ para al menos un j (véase el apéndice A.A.2).

Esto implica que el numerador de cada ecuación del sistema [3.3.4a.] es superior a cero, lo que a su vez permite concluir que el denominador de cada una de las ecuaciones de [3.3.4a.] es superior a cero ya que, por hipótesis, $p_e > 0 \ \forall$ e. Esto se puede verificar también mediante argumentos similares para las ecuaciones de [3.3.4b.].

En consecuencia, $D_{ee} < 1 \ \forall$ e $\in$ E y $a_{ee} < 1 \ \forall$ e. Es decir, si el sistema [2.4.1.] tiene una solución positiva, entonces la cantidad total –actualizada– del bien e utilizada directa e indirectamente en la producción de una unidad del mismo bien es inferior a 1 para cada e.

Se probará ahora que si [3.4.1.] se verifica, entonces existe $p \in R^n$ tal que $p_k > 0 \; \forall$ k que satisface [2.4.1.].

Por una parte, si [3.4.1.] se verifica, entonces también es cierto que:

[a] $$\lim_{T\to\infty} a^T_{ej} = 0$$

para cada pareja (e,j) tal que e ∈ E (véase el apéndice A.A.2.).

Esto nos permite escribir [3.3.4.] bajo la forma siguiente:

[a] $$p_e = \left[\sum_{j \in Hf} D_{ej} p_j \right] / \left(1 - D_{ee}\right) \qquad (e \in E)$$

[3.3.4'.]

[b] $$p_e = \left[\sum_{j \varepsilon He} a_{ej} p_j \right] / \left(1 - D_{ee}\right) \qquad (e \notin E)$$

El lema 2 implica que el coeficiente de cada precio en el numerador de cada una de las funciones que se encuentra en el lado izquierdo de las ecuaciones de [3.3.4'a.] es un número real positivo. En efecto, cada una de estas cantidades es igual a la suma de los términos de una sucesión de números positivos cuyo límite es cero. Además, para al menos un j > n, el primer término de la suma es superior a cero, de acuerdo con la hipótesis 5, lo cual implica que cada numerador es superior a cero. Lo mismo se puede demostrar de [3.3.4'b.] a partir de las hipótesis adoptadas y de un razonamiento similar.

Por otra parte, nuestra hipótesis implica que en el sistema [3.3.4.'] cada uno de los denominadores es un número positivo inferior a uno.

Estas consideraciones permiten verificar que [3.3.4'.] determina, de manera unívoca, un sistema de precios positivo para lo cual se procederá por inducción matemática sobre el índice s correspondiente a los grupos:

a] El sistema [3.3.4'.] determina de manera unívoca un precio superior a cero para cada bien del grupo 1.

En efecto, si e pertenece al grupo 1 se puede escribir su ecuación de tipo [3.3.4'] bajo la forma:

$$p_e = \left[\sum_{j=n+1}^{J} D_{ej}\, p_j \right] / \left(1 - D_{ee}\right) \quad \text{si } e \in E \text{ o bien}$$

$$p_e = \left[\sum_{j=n+1}^{J} a_{ej}\, p_j \right] / \left(1 - a_{ee}\right) \quad \text{si } e \notin E$$

Esto se debe a que H_e no contiene ningún índice correspondiente a algún bien producido, puesto que ningún bien producido que no pertenezca a C_1 participa en la producción de los bienes de este conjunto.

De acuerdo con lo señalado anteriormente se infiere que $p_e > 0$ $\forall\, e \in C_1$ y también que estos precios están determinados de manera unívoca.

b] Si se supone que [3.3.4'.] determina de manera unívoca un precio positivo para todos los bienes de los grupos cuyo índice es inferior a s (donde $1 < s \leq S$), se probará que hace lo mismo con los bienes del grupo s.

En efecto, en este caso, por lo que se señaló antes, el numerador de la ecuación de tipo [3.3.4'.] correspondiente a cada uno de los bienes del grupo s es un número real superior a cero. Como por hipótesis el denominador también lo es, la ecuación de tipo [3.3.4.] correspondiente a cada bien de C_s determina un único precio, superior a cero, para cada uno de estos bienes.

Puesto que el sistema de precios que se ha presentado satisface [3.3.4.] también satisface [3.1.1.] de acuerdo con el lema 3, lo cual termina la prueba del teorema.

A.A.4. DEMOSTRACIÓN DEL TEOREMA 2

La demostración anterior permite afirmar que existe una solución positiva, unívocamente determinada, para un sistema de tipo [2.4.1.] para todos aquellos niveles de r en los cuales $D_{kk} < 1 \; \forall \; k \in E$ y también $a_{kk} < 1 \; \forall \; k$.

Por otra parte, puesto que existe por lo menos una clase, en el sistema hay por lo menos un bien que participa en su propia producción, lo cual implica que a_{ee} o $D_{ee} > 0$ para un bien e, cuando menos.

Obsérvese que –a partir del segundo– cada uno de los elementos de la suma D_{ee} es igual al producto de un número finito de funciones de tipo a_{kj}. Ahora bien, de acuerdo con la hipótesis 5, para la producción de cada bien k es necesaria la compra de otro bien, producido en una fecha previa a la de la primera venta de k . Esto implica que para cada k hay al menos un $j \leq n$ tal que el numerador de la función a_{kj} correspondiente contiene un término no nulo en el cual el exponente es superior a los exponentes de todos los términos no nulos del denominador (véase la sección 2.4.).

Como consecuencia, para cada k existe un $j \leq n$, tal que la función a_{kj} correspondiente es una función no acotada y creciente de r para valores suficientemente grandes de esta variable. Para simplificar la exposición, en adelante se llamará crecientes a las funciones que estén en este caso.

También conviene señalar que el primer grupo es una clase. En efecto, por una parte, la asignación de los índices a los grupos permite inferir que los bienes de los grupos posteriores al primero no participan en la producción de ningún bien de dicho grupo. Por otra parte, de acuerdo con la hipótesis 5, en la producción de cada bien participa por lo menos un bien producido. Esto implica que en la producción de cada bien del primer grupo participa por lo menos un bien del mismo grupo y, por lo tanto, no puede ser un bien independiente.

Si se considera la primera clase, se distinguirán dos casos posibles:

a] C_1 contiene un solo bien.
b] C_1 contiene varios bienes.

Vamos a mostrar que en el primer caso a_{11} es creciente y, en el segundo, que D_{ee} es creciente para un $e \in C_1$ por lo menos.

a] Sea e el único bien de esta clase. Por lo que se anotó antes a_{ee} es el único coeficiente no nulo de tipo a_{kj} en el que $j \leq n$. Puesto que en cada ecuación hay por lo menos un coeficiente creciente de este tipo, se infiere que a_{ee} es creciente.

b] Se demostrará primero que la suma D_{ee} contiene un término creciente para un $e \in C_1$ cuando menos. Eso se establece de inmediato si a_{ee} es creciente para alguno de estos valores de e, ya que es el primer término de la suma correspondiente. Por ello, a continuación se estudiará el caso en el que esto no ocurre, para lo cual se hará referencia sólo a los bienes de la primera clase.

A partir de un bien k cualquiera, se selecciona el siguiente conjunto de índices k,j1,j2,...,js donde s es el número de bienes de esta clase y, a partir de j1, cada índice corresponde a un coeficiente creciente en la ecuación de producción del bien que le precede. Puesto que el número de índices implicado es mayor que el de los bienes de esta clase, por lo menos uno de ellos, digamos el e, se repite. Como consecuencia de lo anterior, el producto $a_{e,k1}a_{k1,k2}\ldots a_{kx,e}$ –en donde $x \geq 1$ y k1,k2,..,kx son los índices que se encuentran entre los dos índices e en la selección inicial– es una función creciente ya que es igual al producto de x coeficientes de tipo a_{kj} que son todos crecientes.

Ahora bien, $a_{e,k1}a_{k1,k2}\ldots a_{kx,e}$ es uno de los términos de D_{ee} ya que resulta después de haber llevado a cabo sucesivamente la reducción de los precios de todos los bienes de la primera clase, excepto p_e, x veces a partir de la ecuación de producción del bien e.

Lo anterior implica que D_{ee} es creciente pues contiene por lo menos un término creciente mientras que todos los otros son positivos.

En consecuencia, para valores lo suficientemente grandes de r, se verifica que $a_{ee} > 1$ o bien $D_{ee} > 1$ para por lo menos un e. Puesto que se trata de funciones continuas de r inferiores a 1 cuando r = 0, se infiere que existe un valor de r superior a cero para el cual $a_{ee} = 1$ o bien $D_{ee} = 1$.

Sea R el más pequeño de los valores de r para el cual se verifica alguna de las dos igualdades precedentes cuando menos para un e (e = 1,2,...,n). Esta definición de R satisface el teorema 2.

En efecto, R es mayor que cero y, como consecuencia del teorema 1 existe un sistema de precios positivo, unívocamente determinado, para cada nivel de r perteneciente al intervalo [0,R[.

Por otra parte, consideremos la ecuación del sistema [3.3.4.] correspondiente a un bien que determina R y que pertenece al primer grupo, según el orden natural, que posee un bien de este tipo. Obsérvese que el denominador del lado derecho tiende a cero, cuando r tiende a R.

Puesto que los precios de los bienes no producidos son fijos, el precio del bien e tiende a infinito en términos de estos bienes y, recíprocamente, el valor de estos bienes, en términos del bien e, tiende a cero cuando r tiende a R.

Por fin, cuando r = R, el precio del bien e no está definido, ya que el denominador de la ecuación señalada se hace igual a cero mientras que para valores superiores a R este denominador se hace negativo. Por lo tanto, en este último caso, si existe una solución para esta ecuación, entonces al menos uno de los precios tiene que ser negativo.

A.A.5. DEMOSTRACIÓN DEL TEOREMA 3

Si *p* satisface todas las ecuaciones de un sistema ψ formado con base en un z dado, entonces satisface también las ecuaciones de producción correspondientes a las ramas cuya oferta no es nula. En efecto, cada una de estas ecuaciones es igual a la suma, término a término, de las ecuaciones del sistema ψ correspondientes a los bienes ofrecidos en cada rama.

Por otra parte, si un vector *p* positivo satisface las ecuaciones de tipo [2.3.1.] correspondientes a un z dado, se puede formar un sistema ψ al que *p* también satisfaga. Se procede de la siguiente manera:

Para cada rama v cuya oferta no es nula se define el vector $\psi_v = (\psi_{k1}, \psi_{k2}, \ldots, \psi_{k\tilde{v}})$ cuyas cordenadas están determinadas mediante las fórmulas

$$[a] \qquad \psi_k = \left(\sum_t O_{t,v,k} p_k e_t \right) / \left(\sum_j \sum_t I_{t,v,j} p_j e_t \right),$$

definidas para cada $k \in C_{\tilde{v}}$. Por lo tanto, se sigue que $\psi_k \geq 0 \; \forall \; k \in C_{\tilde{v}}$ y también que $\psi_{k1} + \psi_{k2} + \ldots + \psi_{k\tilde{v}} = 1$ para cada rama v cuya oferta no es nula.

Cada una de las ecuaciones del sistema ψ formada con los vectores de tipo ψ_v se obtiene despejando el denominador del lado derecho de una fórmula de tipo [a]. Por lo tanto, p satisface estas ecuaciones. Finalmente, para cada bien cuya oferta sea nula, se hace $\psi_k = 0$.

A.A.6. DEMOSTRACIÓN DEL TEOREMA 4

Según el teorema 3, existe un $p > 0$ que satisface [2.3.1.] si y sólo si p satisface también un sistema ψ compatible con [2.3.1.]. Según el teorema 1 esto último ocurre si y solamente si dicho sistema satisface la condición [3.4.1.].

A.A.7. DEMOSTRACIÓN DEL COMENTARIO AL TEOREMA 2

Considérese un sistema de tipo [2.3.1.] en el que haya dos ramas diferentes que produzcan un mismo bien y se admita la existencia de un $p > 0$ que lo satisfaga. Se puede definir, como se indica en la demostración del teorema 3, una ecuación simple con cada bien producido en cada una de las ramas y se obtiene así un sistema de ecuaciones en el que por lo menos dos de ellas corresponden a un mismo bien. Sin embargo, por construcción, dicho sistema estaría satisfecho por p de tal manera que al sumar las ecuaciones que corresponden a cada bien se obtiene un sistema de tipo ψ, equivalente a [2.3.1.] y al cual satisface p. Ahora bien, esto puede ocurrir sólo si dicho sistema satisface la condición [3.4.1.].

Por otra parte, si dos ramas producen un mismo bien, el hecho de que exista un sistema ψ equivalente al sistema [2.3.1.] correspondiente y que satisfaga [3.4.1.] no es suficiente para que este último tenga una solución positiva.

En efecto, considérese el siguiente sistema de tipo [2.3.1.]:

$$(1/2)\,(p_1 + p_2)\,(1 + r) + p_3 = p_1 + p_2$$
$$(1/4)\,(p_1 + p_2)\,(1 + r) + p_3 = p_1 + p_2$$

donde p_3 es la unidad de salario. Es fácil verificar que no existe ningún sistema de precios positivo ($p > 0$) que satisfaga este sistema. Sin embargo éste es equivalente al sistema que se construye haciendo $\psi = 1/2$ para cada k, en las dos ecuaciones de producción, y sumando después las dos ecuaciones simples correspondientes a cada bien. Se obtiene así:

$$(3/8)\,(p_2 + p_2)\,(1 + r) + p_3 = 2p_1$$
$$(3/8)\,(p_2 + p_2)\,(1 + r) + p_3 = 2p_2$$

Ahora bien, este sistema posee la solución positiva $p_1 = p_2 = 8p_3$ (5 – 3r) que está determinada unívocamente para cada r $\in$ [0, 5/3]. Por lo tanto, el sistema satisface la condición [3.4.1.], de acuerdo con el teorema 2. En consecuencia, el sistema original es equivalente a uno de ecuaciones simples que satisface [2.3.1.] y, sin embargo, carece de una solución positiva.

APÉNDICE B

En este apéndice se demostrará el teorema 5 y algunos lemas que se requieren para este fin.

A.B.1. CONTINUIDAD DE LAS FUNCIONES M Y ζ

Para demostrar la continuidad de la función M se utilizarán los cinco lemas que se exponen a continuación.

Lema 4. Si para un b cualquiera las funciones α_{bh} y ω_{bh} son continuas, para cada h entonces T_b es una correspondencia continua.

Prueba. Puesto que $T_b = T_{b1} \times T_{b2} \times ... \times T_{bH}$ para demostrar el lema es suficiente con probar que T_{bh} es continua para cada pareja (b,h), lo que se hará a continuación.

Se demostrará sucesivamente que

[a] T_{bh} es semicontinua superior
[b] T_{bh} es semicontinua inferior

[a] Dados $\bar{z} \in Z$ y un conjunto abierto V_1 tal que $V_1 \supset T_{bh}(\bar{z})$ se debe encontrar una vecindad $N(\bar{z})$ tal que para todo $z \in N(\bar{z})$ se verifique $V_1 \supset T_{bh}(z)$. Se procede de la forma siguiente: dado que V_1 es abierto y tanto $\alpha_{bh}(\bar{z})$ como $w_{bh}(\bar{z})$ están en V_1 existe $\delta > 0$ tal que los siguientes intervalos están contenidos en V_1.

$$[1] \quad [\alpha_{bh}(\bar{z}) - \delta, \alpha_{bh}(\bar{z}) + \delta] \text{ y } (2) [\omega_{bh}(\bar{z}) - \delta, \omega_{bh}(\bar{z}) + \delta]$$

Nótese que todo intervalo [a, b] tal que $a \in [1]$ y $b \in [2]$ está contenido en V_1. Por esta razón, si para una vecindad $N(\bar{z})$ se verifica que $\forall z \in N(\bar{z})$:

a] $\alpha_{bh}(z) \in [1]$ y b] $\alpha_{bh}(z) \in [2]$

entonces $T_{bh}(z) \subset V_1 \ \forall \ z \in N(\bar{z})$.

Ahora bien dado que α_{bh} y ω_{bh} son funciones continuas de z se puede encontrar $N_1(\bar{z})$ y $N_2(\bar{z})$ tales que $\forall \ z \in N_1(\bar{z})$ se verifique a] y $\forall \ z \in N_2(\bar{z})$ se verifique b]. Por lo tanto, $\forall \ z \in N(\bar{z}) = N_1(\bar{z}) \cap N_2(\bar{z})$ se verifican a] y b] simultáneamente, lo cual significa que T_{bh} es semicontinua superior.

[b] Dados $\bar{z} \in Z$ y un conjunto abierto V_2 tal que $V_2 \cap T_{bh}(\bar{z}) \neq \Phi$ se debe encontrar $N(\bar{z})$ tal que $\forall \ z \in N(\bar{z})$ se verifique $V_2 \cap T_{bh}(z) \neq \Phi$.

En el caso particular en que $0 \in (V_2 \cap T_{bh}(\bar{z}))$ cualquier vecindad $N(\bar{z})$ satisface la condición anterior, ya que $0 \in T_{bh}(z) \ \forall \ z \in Z$.

Por este motivo, a continuación se supondrá que $0 \notin (V_2 \cap T_{bh}(\bar{z}))$.

Dado que V_2 es abierto se verifica:

[3] $V_2 \cap \ ]\, \alpha_{bh}(\bar{z}), \omega_{bh}(\bar{z})\, [\ \neq \Phi$.

En efecto, si $\alpha_{bh}(\bar{z}) \in V_2$ existe $\delta > 0$ tal que $]\, \alpha_{bh}(\bar{z}) - \delta, \alpha_{bh}(\bar{z}) + \delta\, [\ \subset V_2$ lo cual implica [3]. De manera análoga, si $\omega_{bh}(\bar{z}) \subset V_2$ existe δ tal que $]\omega_{bh}(\bar{z}) - \delta, \omega_{bh}(\bar{z}) + \delta\, [\ \in V_2$ lo cual implica [3] y si $\{\alpha_{bh}(\bar{z}), \omega_{bh}(\bar{z})\} \cap V_2 = \Phi$ entonces [3] se infiere de la hipótesis$(V_2 \cap T_{bh}(\bar{z})) \neq \Phi$.

Sea $\tilde{z}_{bh} \in V_2 \cap \ ]\, \alpha_{bh}(\bar{z}), \omega_{bh}(\bar{z})[$ y sea δ la mitad de la distancia más corta entre $\tilde{z}_{bh}$ y alguno de los puntos del conjunto $\{\alpha_{bh}(\bar{z}), \omega_{bh}(\bar{z})\}$; nótese que $\delta > 0$. Considérense los intervalos [1] y [2] indicados más arriba, cualquier intervalo [a,b] tal que $a \in [1]$ y $b \in [2]$ contiene a $\tilde{z}_{bh}$. Por lo tanto, si para una vecindad $N(\bar{z})$ se verifican a] y b] $\forall \ z \in N(\bar{z})$ entonces $T_{bh}(z) \cap V_2 \neq \Phi \ \forall \ z \in N(\bar{z})$. En la demostración de [a] se estableció la existencia de una vecindad de este tipo con lo cual se demuestra que T_{bh} es semicontinua inferior.

Lema 5. Si para un $b \leq m$ la correspondencia T_b es continua, entonces la correspondencia J_b también es continua y el conjunto $\{J_b(z)\}$ es compacto y convexo $\forall \ z \in Z$.

Prueba. Se probará sucesivamente que:

[I] J_b es semicontinua superior y $\{J_b(z)\}$ es compacto y convexo $\forall\, z \in Z$.

[II] J_b es semicontinua inferior.

[I] Obsérvese que esta correspondencia es no vacía para todo z ya que contiene al menos al origen de R^H en cada caso. Por otra parte, J_b es igual a la intersección de T_b con la correspondencia I_b:Z->Z_b que asocia a cada elemento de z con el conjunto Z_b.

Puesto que ambas correspondencias son semicontinuas superiores y sus imágenes son compactas, se concluye que J_b también tiene estas características.[1] Finalmente, puesto que las imágenes de estas correspondencias son convexas, el conjunto $\{J_b(z)\}$ también lo es $\forall$ z.

[II] Se probará que si V es un conjunto abierto y si $V \cap J(\bar{z}) \neq \Phi$ para un $\bar{z}$ cualquiera, entonces existe una vecindad $N(\bar{z})$ tal que para todo $z \in N(\bar{z})$ se verifica que $V \cap J_b(z) \neq \Phi$.

Obsérvese que si el origen de R^H se encuentra en la intersección, entonces cualquier vecindad $N(\bar{z})$ satisface la condición anterior ya que ese elemento se encuentra en $J_b(z)$ $\forall$ z. Por este motivo, en lo sucesivo se supondrá que $\theta \notin V \cap J_b(\bar{z})$.

Sea z_b un elemento cualquiera de $V \cap J_b(\bar{z})$ y sea $\tilde{z}_b$ un elemento cualquiera del conjunto $V \cap\,]\theta, z_b[$. Obsérvese que este conjunto es no vacío y también que $\tilde{z}_b \in V \cap J_b(\bar{z})$ dado que $J_b(\bar{z})$ es convexo y además contiene a θ.

Cada una de las coordenadas de $\tilde{z}_b$ satisface por lo menos una de las dos proposiciones siguientes:

[a] $\tilde{z}_{bh} = 0$

[b] $\tilde{z}_{bh} \in\,]w_{bh}(\bar{z}), \alpha_{bh}(\bar{z})[$.

[1] Véase K.C. Border (1985).

En efecto, puesto que $\tilde{z}_b \in]\theta,z_b][$ para cada h se verifica que $\tilde{z}_{bh} = \alpha z_{bh}$ en donde $0 < \alpha < 1$. Por este motivo, si $\tilde{z}_{bh} < 0$, se cumple que $0 > \tilde{z}_{bh} > z_{bh}$ y si $\tilde{z}_{bh} > 0$, entonces $0 < \tilde{z}_{bh} < z_{bh}$. Por otra parte, puesto que $\alpha_{bh}(\bar{z}) \leq z_{bh} \leq \omega_{bh}(\bar{z})$ se concluye que, en el primer caso $\tilde{z}_{bh} \in]\alpha_{bh}(\bar{z}),0[$ y, en el segundo $\tilde{z}_{bh} \in]0,\omega_{bh}(\bar{z})[$. En consecuencia, si $\tilde{z}_{bh} \neq 0$ entonces $\tilde{z}_{bh} \in]\alpha_{bh}(\bar{z}),\omega_{bh}(\bar{z})[$.

Para cada h para el cual $\tilde{z}_{bh} \neq 0$, sea δ_h igual a la mitad de la distancia de $\tilde{z}_{bh}$ al punto que le es más cercano dentro del conjunto $\{\alpha_{bh}(\bar{z}), \omega_{bh}(\bar{z})\}$ correspondiente a h, y sea δ el más pequeño de los valores así definidos. Nótese que $\delta > 0$.

Para cada uno de estos valores de h se define también una pareja de intervalos [1] y [2] como la que se presentó en el lema 1 utilizando el valor de δ que acabamos de determinar. Por lo tanto, como se demuestra allí mismo, se puede definir para cada h una vecindad $N_h(\bar{z})$ tal que para todo $z \in N_h(\bar{z})$ se verifiquen también las proposiciones a] y b] del mismo lema.

Por los argumentos que allí se señalan se puede concluir que $\tilde{z}_{bh} \in T_{bh}(z)\ \forall\ z \in N_{bh}(\bar{z})$.

Por otra parte, sea $N_T(\bar{z}) = N_{h1}(\bar{z}) \cap N_{h2}(\bar{z})$... la vecindad que resulta de la intersección del conjunto de vecindades que se acaba de definir. En consecuencia, se verifica que para cada h para el cual $\tilde{z}_{bh} \neq 0$ se tiene $\tilde{z}_{bh} \in T_{bh}(z)\ \forall\ z \in N_T(\bar{z})$ y puesto que si $\tilde{z}_{bh} = 0$, entonces $\tilde{z}_{bh} \in T_{bh}(z)\ \forall\ z$ se concluye que $\tilde{z}_b \in T_b(z)\ \forall\ z \in N_T(\bar{z})$.

De lo anterior, se infiere que la vecindad que se acaba de definir satisface la condición señalada al principio de la prueba de [II], ya que $\tilde{z}_b \in V \cap J_b(z)\ \forall\ z \in N_T(\bar{z})$.

Lema 6. Si para un $b \leq m$ la correspondencia J_b es continua y el conjunto $\{J_b(z)\}$ es compacto y convexo $\forall$ z, entonces las funciones M_b y Π_b son continuas.

Prueba. Se demostrará primero que el conjunto $\{M_b(z)\}$ contiene un solo vector para todo $z \in Z$.

Para ello, dado un z cualquiera se define el vector $\omega_b(z) = (\omega_{b1}(z),\omega_{b2}(z), ...,\omega_{bH}(z))$. Hay dos casos posibles:

[I] $\omega_b(z) \in Z_b$. En este caso, el conjunto $\{M_b(z)\}$ contiene solamente al punto $\omega_b(z)$ debido a que, por construcción, si $z_b \in Z_b \cap T_b(z)$ entonces $z_{bh} \leq \omega_{bh}(z)\ \forall\ h$, y si $z_b \neq \omega_b(z)$ entonces $z_{bh} < \omega_{bh}(z)$ para al menos un h. Esto implica que $z_b p < \omega_b(z)p$ ya que $p_h > 0\ \forall\ h$.

[II] $\omega_b(z) \notin Z_b$. Se probará primero que si $z_b \in \{M_b(z)\}$ entonces z_b pertenece a la frontera de Z_b.

En efecto, si z_b no pertenece a la frontera de Z_b entonces el conjunto $]z_b, \omega_b(z)[\ \cap Z_b$ contiene al menos un punto (z_b'). Para este punto se verifica que $z_{bh} \leq z_{bh}'\ \forall$ h y $z_{bh} < z_{bh}'$ para un h por lo menos, lo cual contradice el supuesto de que z_b pertenece a $\{M_b(z)\}$ ya que $z_b p < z_b' p$ y $z_b' \in \{J_b(z)\}$ debido al carácter convexo de este conjunto.

Supóngase ahora que $\{M_b(z)\}$ contiene dos puntos diferentes z_b' y z_b'', se mostrará que esta afirmación conduce a una contradicción.

De acuerdo con la hipótesis 8, ninguno de los puntos del intervalo $]z_b'$ y $z_b''[$ pertenece a la frontera de Z_b, lo que implica que estos puntos tampoco pertenecen a $\{M_b(z)\}$ según se desprende del párrafo precedente. Por otra parte, el supuesto implica también que $z_b'p = z_b''p$ por lo cual la ganancia correspondiente a los puntos del intervalo $[z_b', z_b'']$ es la misma para todos.

Por último, de acuerdo con el párrafo señalado se puede encontrar en $\{J_b(z)\}$ otros puntos con un nivel de ganancia más alto que el que corresponde a los puntos del intervalo $]z_b', z_b''[$. Por lo tanto, también será mayor que el correspondiente a los puntos extremos de este intervalo lo que, contrariamente al supuesto inicial implica que ninguno de ellos pertenece a $\{M_b(z)\}$.

En consecuencia, el conjunto $\{M_b(z)\}$ contiene sólo un punto $\forall$ z.

De acuerdo con las definiciones presentadas y con el lema 5, M_b es una correspondencia que asocia a cada z con el conjunto que maximiza el producto punto $z_b p$ sobre la imagen de una correspondencia continua con valores compactos. Por su parte, Π_b es la función que asocia a cada z con el valor máximo de dicho producto sobre el mismo conjunto. Puesto que el producto punto es una función continua del Teorema del Máximo garantiza que Π_b es continua y que M_b es semicontinua superior, pero como ya se ha demostrado que $\{M_b(z)\}$ contiene un solo punto, se infiere que M_b es continua.[2]

[2] Véase B. Beavis y I. Dobbs (1990).

Lema 7. Si para un $b > m$ la correspondencia T_b y la función Π_b son continuas, entonces la correspondencia J_b es continua y $\{J_b(z)\}$ es un conjunto compacto y convexo $\forall\ z \in Z$.

Prueba. Se considerará primero la función γ_b:Z ->R^{H+1} que asocia el vector (p,Π_b) a cada z y la correspondencia ∂_b: R^{H+1} -> Z_b que asocia el conjunto $\{z_b \in Z_b \mid z_b p \leq \Pi_b\}$ a cada pareja (p,Π_b) en la que $p > 0$ y $\Pi_b \geq 0$.

Conviene señalar que ambas correspondencias son continuas. En efecto, la primera de ellas lo es, debido a que p es constante mientras que Π_b es continua, según se desprende de lo demostrado en el lema 6 y de la definición de Π_b para $b > m$. Por su parte, la segunda tiene las tres propiedades siguientes:

a] $\partial_b \neq \Phi$ para todo (p,Π_b). En efecto, $\theta \in Z_b$ y $\theta p \leq \Pi_b\ \forall\ p$ y $\forall\ \Pi_b \geq 0$. Luego, $\theta \in \partial_b$.

b] Z_b es compacto y convexo.

c] Para toda pareja (p, Π_b) existe $\tilde{z}_b \in Z_b$ tal que $\tilde{z}_b p < \Pi_b$. En efecto, según la hipótesis 12. existe $\tilde{z}_b$ tal que $\tilde{z}_{bh} < 0\ \forall\ h$, y puesto que $p_h > 0\ \forall\ h$ y $\Pi_b > 0$ se obtiene $\tilde{z}_b p < \Pi_b$.

Según G. Debreu (1959) estas tres propiedades son suficientes para que ∂_b sea continua. De lo que precede se infiere que la correspondencia L_b:Z->Z_b que asocia a cada z el conjunto $\{\partial_b(\gamma_b(z))\}$ es continua, ya que es igual a una composición de funciones continuas.

De acuerdo con lo anterior, $J_b(z) = T_b(z) \cap L_b(z)\ \forall\ z$. Se utilizará este hecho para probar la continuidad de J_b, lo que se hará mediante la demostración de las dos proposiciones siguientes:

[I] J_b es semicontinua superior y $\{J_b(z)\}$ es compacto y convexo $\forall\ z$

[II] J_b es semicontinua inferior .

[I] Obsérvese que $J_b(z)$ es no vacía ya que $\theta \in J_b(z)\ \forall\ z \in Z$ y, por otra parte, que J_b es igual a la intersección de dos correspondencias continuas cuyas imágenes son convexas y compactas.

Por estas razones, J_b es semicontinua superior y sus imágenes son conjuntos compactos y convexos.[3]

[II] Se probará que si V es un conjunto abierto y si $V \cap J_b(\bar{z}) \neq \Phi$ para un $\bar{z}$ cualquiera, entonces existe una vecindad $N(\bar{z})$ tal que para todo $z \in N(\bar{z})$ se verifica que $V \cap J_b(z) \neq \Phi$.

Por la razón mencionada en [II] del lema 5 se excluirá el caso en el que $\theta \in V \cap J_b(\bar{z})$.

Sea z_b un punto cualquiera de $V \cap J_b(\bar{z})$. Existen tres casos posibles:

[IIa] $z_b p < 0$
[IIb] $z_b p = 0$
[IIc] $z_b p > 0$

En los casos [IIa] y [IIc] se escoge un punto cualquiera $\tilde{z}_b \in V \cap]\theta, z_b[$. Debido a la continuidad del producto punto en ambos casos se verifica:

[a] $\tilde{z}_b p < \Pi_b$

En efecto, si [IIa] entonces $\tilde{z}_b p < 0$, y puesto que $0 \leq \Pi_b$ se obtiene [a]. Si [IIc], entonces $\tilde{z}_b p < z_b p$, y puesto que $z_b p \leq \Pi_b$ se obtiene también [a].

En el caso [IIb] obsérvese primero que, puesto que $z_b p = 0$ y $z_b \neq \theta$ para al menos una cordenada (g) de z_b se verifica $z_{bg} < 0$. De acuerdo con las hipótesis 4 y 12, hay un punto z_b' cuya g-ésima coordenada es mayor que z_{bg} y menor que cero, mientras que todas las otras son iguales a cero. Este punto pertenece a J_b.

En efecto, este punto pertenece a $T_b(\bar{z})$ ya que $0 \in T_{bh}(\bar{z})\ \forall$ h y $z_{bg} \in T_{bg}(\bar{z})$. También pertenece a Z_b de acuerdo con las hipótesis antes señaladas. Por último, se encuentra además en $L_b(\bar{z})$ debido a que $z_b' \in Z_b$ y $z_b'p < 0$, lo cual implica que $z_b'p < \Pi_b(\bar{z})$.

[3] Véase K.C. Border, (1985).

Si se toma en consideración lo que precede, en este caso se escoge un punto cualquiera $\tilde{z}_b \in V \cap]z_b, z_b'[$ lo cual implica que también ahora se verifica [a] ya que $\tilde{z}_b p < 0$.

Los argumentos que se señalan en [II] del lema 5 son suficientes para verificar que existe una vecindad $N_T(\bar{z})$ tal que $\forall\ z \in N_T(\bar{z})$ se cumple que $\tilde{z}_b \in T_b(z)$. Se debe encontrar ahora una vecindad $N_L(\bar{z})$ tal que para todo $z \in N(\bar{z})$ se verifique $\tilde{z}_b \in L_b(z)$.

Se procede de la forma siguiente: sea $\varepsilon = |\Pi_b(\bar{z}) - \tilde{z}_b p\ |/2$. Conviene señalar que $\varepsilon > 0$.

Debido a la continuidad de la función Π_b se puede encontrar una vecindad $N_L(\bar{z})$ tal que para todo $z \in N_L(\bar{z})$ se verifica $|\Pi_b(\bar{z}) - \Pi_b(z)| \leq \varepsilon$. Lo anterior implica que $\Pi_b(z) > \tilde{z}_b p\ \forall\ z \in N_L(\bar{z})$ y, puesto que $\tilde{z}_b \in Z_b$ se concluye que $\tilde{z}_b \in L_b(z)\ \forall\ z \in N_L(\bar{z})$.

En consecuencia, haciendo $N(\bar{z}) = N_T(\bar{z}) \cap N_L(\bar{z})$ se verifica que $\tilde{z}_b \in J_b(z)\ \forall\ z \in N(\bar{z})$, lo cual implica que $V \cap J_b(z) \neq \Phi\ \forall\ z \in N(\bar{z})$, con lo que termina así la demostración de la continuidad de J_b.

Lema 8. Si para un $b > m$ la correspondencia J_b y la función Π_b son continuas y el conjunto $\{J_b(z)\}$ es compacto y convexo $\forall\ z \in Z$, entonces la función M_b es continua.

Prueba. De acuerdo con las definiciones establecidas y con el lema 7, M_b es una correspondencia que asocia a cada z con el conjunto que maximiza la función U_b sobre la imagen de una correspondencia continua a valores compactos. Puesto que U_b es continua, el Teorema del Máximo garantiza que M_b es semicontinua superior. Por este motivo, para probar que M_b es continua es suficiente con demostrar que es una función.

Con este propósito se mostrará que la suposición de que el conjunto $\{M_b(z)\}$ contiene más de un punto conduce a una contradicción:

Sean $(z_b', z_b'') \in M_b$ y $z_b' \neq z_b'$. De la hipótesis 10, se sigue que si $z_b \in]z_b', z_b''[$ entonces $U_b(z_b) > U_b(z_b'')$, y puesto que $\{J_b(z)\}$ es convexo se sigue que $z_b \in \{J_b(z)\}$. Esto implica que z_b'' no pertenece a $M_b(z)$ ya que no maximiza la utilidad sobre $\{J_b(z)\}$.

Teorema A.B.1. La función M es continua

Prueba. Puesto que $M(z) = M_1(z) \times M_2(z) \times ... \times M_B(z)\ \forall\ z$ es suficiente con demostrar para cada b que M_b es continua. A continuación, se hará esta demostración por inducción matemática.

I] Las funciones M_1 y Π_1 son continuas.

De acuerdo con las definiciones $\omega_{1h}(z) = D_h(z)$ y $\alpha_{1h}(z) = -S_h(z)\ \forall\ z \in Z$ y $\forall$ h. Puesto que D_h y S_h son funciones continuas, se infiere que ω_{1h} y α_{1h} son continuas, lo que a su vez implica que T_1 es una correspondencia continua, de acuerdo con el lema 4.

Por otra parte, de acuerdo con el lema 5, lo anterior garantiza que J_1 sea continua y que $\{J_1(z)\}$ sea un conjunto compacto y convexo $\forall$ z lo cual, finalmente, implica la continuidad de M_1 y de Π_1 de acuerdo con el lema 6.

II] Si para un b' tal que $1 < b' \leq B$ las funciones M_b y Π_b son continuas para cada $b < b'$ entonces las funciones $M_{b'}$ y $\Pi_{b'}$ también son continuas.

Para cada pareja (b,h) sea E_{bh}:Z->R la función definida por:

$$E_{bh}(z) = z_{bh}$$

Aquí z_{bh} es la h-ésima cordenada del vector $M_b(z)$.

Estas funciones son continuas si M_b es continua, lo cual es cierto, por hipótesis, para cada $b < b'$. En consecuencia –véase la definición en la sección 5.1.–, las funciones $\alpha_{b'h}$ y $\omega_{b'h}$ son continuas para cada h puesto que son iguales a sumas de funciones continuas, lo que implica que:

[a] $T_{b'}$ es continua

de acuerdo con el lema 4.

Por otra parte, si $b' \leq m$ el lema 5 y la proposición [a], implican que $J_{b'}$ es continua y también que $\{J_{b'}(z)\}$ es compacto y convexo para todo $z \in Z$.

Ahora bien, de acuerdo con el lema 6, lo anterior es suficiente para que las funciones $M_{b'}$ y $\Pi_{b'}$ sean continuas.

Por último, si b' > m la función $\Pi_{b'}$ es continua, dada la continuidad de las funciones Π_b para cada b ≤ m (véase la definición de Π_b en la sección 5.2.).

Este resultado, junto con la proposición [a], aseguran la continuidad de $J_{b'}$ y también que el conjunto $\{J_{b'}(z)\}$ es un conjunto compacto y convexo, de acuerdo con el lema 7.

Finalmente, lo anterior implica que las funciones $M_{b'}$ y $\Pi_{b'}$ son continuas según el lema 8, lo que termina la prueba de este teorema.

Lema 9. La función ζ es continua

Prueba. Para cada pareja (b,t) se define T_{bt}: Z –> R^H como la correspondencia que asocia a cada z con el conjunto:

$$T_{bt}(z) = \mathcal{T}_{b1}(z) \times \mathcal{T}_{b2}(z) \times \ldots \times \mathcal{T}_{bH}(z)$$

Aquí $\mathcal{T}_{bh}(z) = T_{bh}(z)$ si $h \notin C_t$ y $\mathcal{T}_{bh} = [-S,S]$ si $h \in C_t$ (véanse las secciones 1.2. y 5.2.).

Esta correspondencia define las restricciones que el sistema de racionamiento establece para las transacciones del agente b, con excepción de aquellas que corresponden a los bienes cuya fecha de entrega es t. Dado que T_{bh} es continua para todo h, según el lema 4, y también que, por otra parte, si h no está en C_t la correspondencia T_{bh} tiene una imagen constante, se infiere que T_{bt} es una correspondencia continua.

Para cada pareja (b,h) se define ζ_{bh}:Z ->R como la función que asocia a cada z la h-ésima coordenada del vector que a] maximiza la ganancia del agente b dentro del conjunto $T_{bt}(z) \cap Z_b$ si b ≤ m, y b] maximiza la utilidad del agente b dentro del conjunto $T_{bt}(z) \cap L_b(z)$ si b > m. En ambos casos t es la fecha de entrega del bien h.

Conviene señalar que ζ_{bh} es una función continua.

En efecto, es suficiente con redefinir las correspondencias J_b haciéndolas igual a $T_{bt}(z) \cap Z_b$ si b ≤ m y a $T_{bt}(z) \cap L_b$ (z) si b > m para cada $z \in Z$, para que los argumentos expuestos en los lemas 5 y 7 permitan verificar que estas correspondencias son continuas.

En consecuencia, en cada caso el vector escogido por el agente maximiza una función continua sobre la imagen de una correspondencia continua. Por los argumentos que se señalan en los lemas 6 y 8 se puede comprobar que este vector es único y que varía en forma continua en relación con z. De ahí, se sigue que la coordenada correspondiente de este vector es una función continua de z.

Finalmente, puesto que por definición $\zeta = \zeta_{11} \times \zeta_{12} \times ... \times \zeta_{1H} \times \zeta_{21} \times \zeta_{22} \times ... \times \zeta_{2H} \times .... \times \zeta_{B1} \times \zeta_{B2} \times ... \times \zeta_{BH}$ se concluye que ζ es una función continua.

Lema 10. Si M(z) = z entonces la oferta y la demanda de cada bien son iguales para todos los bienes en el vector z.

Prueba. Sea z' = M(z). De acuerdo con las reglas de racionamiento:

a] $D_h(z') \leq S_h(z) \; \forall \; h$

En efecto, si se consideran los valores absolutos, la demanda de cada agente es inferior o igual a la oferta inicial menos las demandas de los agentes que le preceden en la cola, o bien cero, si esta diferencia es negativa.

Como consecuencia, ningún agente puede hacer una demanda cuyo monto, agregado al volumen de las demandas de los agentes que le preceden, sea superior a la oferta inicial. Puesto que lo anterior, es cierto también para el último agente se infiere a].

De manera análoga, se establece que:

b] $S_h(z') \leq D_h(z) \; \forall \; h$

Ahora bien, de acuedo con la hipótesis del lema, se puede sustituir z' con z en el lado izquierdo de las dos desigualdades anteriores, lo cual implica que $D_h(z) = S_h(z)$ para todo h.

A.B.2. DETERMINACIÓN DE η DADO UN VALOR DE δ

En esta sección se expondrán algunas definiciones y también algunos lemas necesarios para la demostración del teorema 5.

Sean $Q = P\times Z\times Z$ y $q = (p,z,z^*)$ un elemento cualquiera de este conjunto.

Sean $\gamma:Q \to R^+$ y $\gamma':Q \to R$ las funciones definidas por

$$\gamma(q) = \alpha(p,z^*) + \sum_h |D_h(z^*) - S_h(z^*)|$$

y

$$\gamma'(q) = \alpha(p,z) + \sum_h |D_h(z) - S_h(z)|$$

Como se puede observar, la única diferencia entre estas funciones es que γ se define en relación con el tercer vector de q, mientras que γ' lo hace en relación con el segundo. En lo sucesivo, para simplificar la exposición, las referencias a un vector de transacciones acompañadas de un asterisco estarán relacionadas al tercer elemento de q, mientras que aquellas que no lo tengan se relacionan al segundo, como en este caso, salvo cuando se indique que ambos son iguales.

Las funciones que se acaba de definir son continuas debido a que cada una de ellas es igual a una suma de funciones continuas sobre Q.

Para cada pareja (b,h) sea $A_{bh}: Q \to R$ la función definida por

$$A_{bh}(q) = \begin{cases} \text{a] (si } b \leq m\text{): } [1/(1+\gamma(q))][\text{máx}(0,z_{bh})] + \text{mín}(0,z_{bh}) \\ \text{b] (si } b > m\text{): } [1/(1+\gamma(q))][\text{mín}(0,z_{bh})] + \text{máx}(0,z_{bh}) \end{cases}$$

Estas funciones son continuas porque cada una es igual, según el caso, ya sea a la función identidad o bien al producto de esta función y de una función continua sobre Q.

En consecuencia, también es continua.la función $A:Q \to Z$ definida por:

$$A(q) = A_{11}(q)\times A_{12}(q)\times ...\times A_{1H}(q)\times A_{21}(q)\times ...\times A_{2H}(q)\times ...\times A_{BH}$$

La función A asocia a cada q un elemento de Z, en el cual cada demanda es igual a la demanda correspondiente en q, mientras que cada oferta es igual a la oferta correspondiente de q multiplicada por $1/(1+\gamma(q))$. El interés de A se resaltará mas adelante.

Sea M':Q ->Z la función definida por:

$$M'(q) = M(A(q))$$

Esta función es continua en tanto que es igual a una composición de funciones continuas.

Conviene señalar que M' asocia a cada q un vector que es igual a aquel que se obtiene después de haber aplicado el proceso de racionamiento sobre el vector z de q. Dicho proceso se modificó mediante la sustitución de las reglas correspondientes a las demandas (sin que se alteren las otras) por las reglas siguientes:

$$\alpha_{\bar{b}h}(z') = \text{a) (si } \bar{b} \leq m\text{): } -[1/(1+\gamma(q)]S_h(z') + \sum_{b=1}^{\bar{b}-1} d_{bh}(z)$$

y

$$\omega_{\bar{b}h}(z') = \text{a) (si } \bar{b} > m\text{): } [1/(1+\gamma(q)]S_h(z') - \sum_{b=1}^{\bar{b}-1} d_{bh}(z)$$

En consecuencia, la diferencia entre las imágenes de las funciones M y M' depende de $\gamma(q)$ y tiende a desaparecer a medida que este valor se acerca a cero.

Para cada $n \in N$ sea C_n:Q ->Q la función definida por:

$$C_n(q) = \begin{cases} \text{a] (si } n = 1\text{) : } (p, M'(q), z^*) \\ \text{b] (si } n > 1\text{) : } (p, M'(C_{n-1}(q)), z^*) \end{cases}$$

Aquí, en cada caso, p y z* son los mismos que en el vector q considerado. Dado que M' es continua, C_1 también lo es, lo que a su vez permite verificar la continuidad de C_2, ya que es igual a una composición de funciones continuas, y así sucesivamente para cada $n > 1$.

Por último, para cada $n \in N$ sea F_n: Q->Z la función definida por:

$F_n(q) =$ a] (si n = 1): $M'(q)$
b] (si n > 1): $M'(C_{n-1}(q))$

En consecuencia, para cada n, F_n asocia a q el vector que resulta de aplicar sucesivamente, a partir del vector z de q, n veces el nuevo proceso de racionamiento. Puesto que F_n es igual a una función continua –si n = 1– y a una composición de funciones continuas –si n > 1– se infiere que F_n es continua para cada n.

Lema 11. Para todo n > 2 y para todo $q \in Q$ se verifica, para cada h:

a] $D_h(F_n(q)) \leq [1/(1+\gamma(q)]S_h(F_{n-2}(q))$
y
b] $S_h(F_n(q)) \leq [1/(1+\gamma(q)]D_h(F_{n-2}(q))$

Prueba. Para simplificar la notación, en esta demostración se sustituirá $F_n(q)$ por z^n para cada n.

De acuerdo con las reglas de racionamiento:

a'] $D_h(z^n) \leq [1/(1+\gamma(q)]S_h(z^{n-1})$ $\forall$ h y $\forall$ n > 1

En efecto, al considerar los valores absolutos, la demanda de cada agente es inferior o igual a la oferta inicial dividida por $1+\gamma(q)$ menos las demandas de los agentes que le preceden en la cola, o bien cero, si esta diferencia es negativa.

En consecuencia, ningún agente puede hacer una demanda cuyo monto, agregado al volumen de las demandas de los agentes que le preceden, sea superior a la oferta inicial dividida por $1+\gamma(q)$. Puesto que lo anterior es cierto también para el último agente, se infiere a'].

De manera análoga, se establece que:

b'] $S_h(z^n) \leq D_h(z^{n-1})$ $\forall$ h y $\forall$ n > 1

A partir de a'] se obtiene:

$$D_h(z^{n-1}) \leq [1/(1+\gamma(q)]S_h(z^{n-2}) \qquad \forall \text{ h y } \forall \text{ n} > 2$$

Esta desigualdad, junto con b'] implica que:

$$S_h(z^n) \leq [1/(1+\gamma(q)]S_h(z^{n-2}) \qquad \forall \text{ h y } \forall \text{ n} > 2$$

De manera análoga, se establece que:

$$D_h(z^n) \leq [1/(1+\gamma(q)]D_h(z^{n-2}) \qquad \forall \text{ h y } \forall \text{ n} > 2$$

Si se hacen las sustituciones correspondientes, las dos últimas desigualdades permiten verificar el lema.

Lema 12. Para todo $\delta > 0$ existe un número real $N > 0$ tal que si $|z_{bh}| \leq N \ \forall$ (b,h) en un q dado, entonces $\gamma'(q) < \delta$.

Prueba. Para demostrar el lema se probará que aceptar la hipótesis contraria conduce a una contradicción:

Si el lema es falso se puede encontrar, para todo $N > 0$, un $q \in Q$ tal que $|z_{bh}| < N \ \forall$ (b,h) y, al mismo tiempo, $\gamma'(q) \geq \delta$ para un $\delta > 0$ dado. En este caso, es posible formar la sucesión:

$$q^r = q^1, q^2, \ldots$$

Dicha sucesión satisface las condiciones siguientes:

a] $|z_{bh}{}^1| < N \ \forall$ (b,h) para un $N > 0$ escogido arbitrariamente

b] Para cada r sea t_r el más grande de los valores absolutos de las coordenadas de q^r. Entonces, $t_r \leq 1/2\ t_{r-1} \ \forall\ r > 1$.

c] $\gamma'(q^r) \geq \delta \ \forall$ r

Puesto que Q es compacto es posible extraer de q^r una subsucesión convergente

$$q^{r'} = q^{s1}, q^{s2}, \ldots$$

Sea q^0 el límite de $q^{r'}$. No es difícil verificar que $z_b{}^0 = 0 \ \forall$ b. Esto hace que:

[a] $$\gamma'(q^0) = 0$$

Por otra parte, considérese la sucesión

$$\gamma'(q^{r'}) = \gamma'(q^{s1}), \gamma'(q^{s2}), \ldots$$

Dado que γ' es continua $\gamma'(q^{r'})$ es convergente. Ahora bien, por hipótesis, todos los términos de esta sucesión son superiores o iguales δ lo cual implica que:

$$\text{lím}\ \gamma'(q^{r'}) \geq \delta$$

Esto está en contradicción con [a].

Lema 13. Para todo $\delta > 0$ existe un $\eta \in N$, tal que para todo q para el cual $\gamma(q) \geq \delta$ se tiene $\gamma'(C_\eta(q)) < \delta$.

Prueba. Dados r y δ, sea $L_0 = \{q \in Q |\ \gamma(q) \geq \delta\}$ y –si L_0 no es vacío– para cada $n \in (1,2,\ldots)$ se define $L_n = \{q' \in Q |\ q' = C_n(q)$ por lo menos para un $q \in L_{n-1}\}$ y $T_n = \text{máx}\ \{T \in R^+ |\ T = S_h(q)$ y/o $T = D_h(q)$ por lo menos para un h y un q en $L_n\}$. Conviene precisar que en esta demostración $S_h(q)$ y $D_h(q)$ se definen en relación al vector z de q.

Considérese un n cualquiera superior a 2. Sean $q \in L_0$, $q' \in L_{n-2}$ y $q'' \in L_n$ tales que a] $q' = C_{n-2}(q)$ y b] $q'' = C_n(q)$; verificándose también por lo menos una de las dos proposiciones siguientes: c] $T_n = S_h(q'')$ o d] $T_n = D_h(q'')$ para un h' cuando menos.

Primero se probará que:

e] $$T_n \leq T_{n-2}/(1 + \gamma(q)) \qquad \forall\ n > 2$$

En efecto, si c] es válido se sabe que, de acuerdo con el lema 11:

$$S_{h'}(q'') \leq [1/(1+\gamma(q)]D_h(q')$$

Ahora bien, por definición, $D_{h'}(q') \leq T_{n-2}$ lo cual implica, junto con c] y con la última desigualdad, la proposición e]. Por otra parte, si se verifica d] se sabe que:

$$D_{h'}(q'') \leq [1/(1+\gamma(q)]S_{h'}(q')$$

Según el mismo lema, y por un razonamiento análogo al anterior, se infiere la validez de e].

Dado que $\gamma(q) \geq \delta \ \forall \ q \in L_0$ se infiere de e] que:

$$T_n \leq T_{n-2}/(1 + \delta) \quad \forall \ n > 2$$

Esto permite escribir la siguiente serie de desigualdades válidas para cualquier n impar y mayor que 2.

$$\begin{gathered} T_n \leq T_{n-2}/(1 + \delta) \\ T_{n-2} \leq T_{n-4}/(1 + \delta) \\ \vdots \\ T_5 \leq T_3/(1 + \delta) \\ T_3 \leq T_1/(1 + \delta) \end{gathered}$$

Si se sustituye sucesivamente a partir de la penúltima desigualdad el numerador del segundo miembro por el segundo miembro de la desigualdad que se encuentra debajo, se obtiene:

$$\text{[f]} \qquad T_n \leq T_1/ [(1 + \delta)^{(n-1)/2}]$$

Por otra parte, sea N^0 un número que satisface el lema 12 para el valor dado de δ. De acuerdo con ese lema, si en el conjunto L_n todas las cordenadas de los vectores z son, en valor absoluto, inferiores a N^0 entonces $\delta'(q) < \delta \ \forall \ q \in L_n$.

De acuerdo con las definiciones expuestas, esta condición se ve satisfecha si $T_n < N^0$, lo cual a su vez se verifica, de acuerdo con [f], si:

$$T_1/ [(1 + \delta)^{(n-1)/2}] < N^0$$

En consecuencia, si η se hace igual al más pequeño de los valores de $n \in N$ superiores a 2 que satisfacen esta desigualdad, se verifica el lema. Dichos valores existen ya que $T_1 \geq 0$ mientras que δ y N^0 son ambos superiores a cero.

Conviene observar que al aplicarse el proceso de racionamiento η veces de manera sucesiva a partir de cualquiera de los elementos de L_0 el resultado será un vector q en el cual todas las cordenadas del vector z correspondiente serán inferiores a N^0.

Sin embargo, esto no ocurre así necesariamente al aplicarse dicho proceso a partir de un q que no pertenezca a L_0. En este caso el resultado será un vector q' en el que las coordenadas del vector z serán, en valor absoluto, inferiores o iguales a las cordenadas correspondientes de q, pero no necesariamente inferiores.

A.B.3. DEMOSTRACIÓN DEL TEOREMA 5

Para cada j sea E_j: Q → R la función que asocia a cada q la suma

$$E_j(q) = \sum_{h \in Cj} [D_h(z) - S_h(z)]$$

la cual indica la diferencia entre la demanda y la oferta totales del bien j en el vector z de q.

Consideremos la función U:Q → *P* que asocia a cada q el vector *p'* cuyas coordenadas son determinadas por las reglas siguientes:

a] $p_1' = 1$ y
b] $p_j' = p_j + \text{máx}\,[0, [E_j(q)/(1 + |E_j(q)|)](\bar{p}_j - p_j)]$
$+ \text{mín}\,[0, [E_j(q)/(1 + |E_j(q)|)](p_j - \underline{p}_j)] \qquad \forall\, j > 1.$

No es difícil verificar que se trata de una función continua y también que *p'* = *p* sólo si para cada j se cumple que $\sum_{h \in Cj} D_h(z) = \sum_{h \in Cj} S_h(z)$ o al menos una de las dos igualdades siguientes:

c] $\bar{p}_j = p_j$ y d] $p_j = \underline{p}_j$

Por último, dado un $\delta > 0$ y una pareja (r,i) cualquiera sea Y: Q ->Q la función definida por:

$$Y(q) = (U(q), \zeta(z^*), F_\eta(q))$$

Aquí z* corresponde al vector q considerado mientras que η es un número escogido de conformidad con el lema 13 para el valor dado de δ.

De acuerdo con los análisis precedentes, Y es una función continua que asocia cada elemento de un conjunto compacto y convexo con un elemento del mismo conjunto. Esto implica que, según el teorema de Brouwer, Y tiene al menos un punto fijo $\bar{q}$.

No es difícil verificar que $\bar{q}$ satisface las cuatro primeras condiciones del teorema 5. En relación con la última, obsérvese que, puesto que $\bar{q}$ es un punto fijo de Y, se verifica que $z^* = F_\eta(\bar{q})$ lo cual es posible sólo si $\gamma(\bar{q}) < \delta$.

En efecto, por definición $F_\eta(q)) = M'C_{\eta-1}(q)$ lo que implica, junto con lo señalado en el párrafo precedente, que:

d] $$z^* = M'[C_{\eta-1}(\bar{q})]$$

Por otra parte, de acuerdo con la definición correspondiente:

$$C_\eta(\bar{q}) = (p, M'[C_{\eta-1}(\bar{q})], z^*)$$

Sustituyendo con el lado izquierdo de d] a la segunda coordenada del lado derecho de la ecuación precedènte se obtiene:

$$C_\eta(\bar{q}) = (p, z^*, z^*)$$

Esto implica que:

e] $$\gamma(\bar{q}) = \gamma'(C_\eta(\bar{q}))$$

lo cual se puede comprobar fácilmente observando la definición de ambas funciones.

Ahora bien, la última ecuación se verifica sólo si $\gamma(\bar{q}) < \delta$. En efecto, si $\gamma(\bar{q}) \geq \delta$ entonces $\gamma'(C_\eta(\bar{q})) < \delta$ de acuerdo con el lema 13, lo que contradice e]. Con esto, termina la prueba del teorema.

APÉNDICE C

En este apéndice se demostrarán algunas proposiciones enunciadas en los capítulos 8 y 9. En las primeras dos secciones y en la cuarta se hace referencia al modelo utilizado en la demostración del inciso [b] del teorema 6.

A.C.1. JUSTIFICACIÓN DE LA ECUACIÓN (8.4.2.)

Sea K el valor de la totalidad de los medios de producción empleados en el sistema de referencia y PN el valor de producto neto.

$$K(1+r)+w=K+PN$$

Esta ecuación se verifica $\forall\, r \in [0,R]$, cualquiera que sea la unidad de medida empleada. Si se mide con el producto neto se puede escribir esta ecuación bajo la forma siguiente:

$$K(1+r)+w=K+1$$

$\Rightarrow$

$$Kr+w=1 \quad \forall\, r \in [0,R]$$

Puesto que en el ejemplo, $K = 1\ \forall\, r \in [0,R]$ se puede escribir la última ecuación bajo la forma:

$$r+w=1 \qquad \forall\, r \in [0, R]$$

De allí, se infiere [8.4.2.].

A.C.2. DEMOSTRACIÓN DEL COROLARIO 1

Obsérvese que en el sistema [8.4.1.] la segunda rama emplea, aparte del trabajo, solamente el bien 3 como medio de producción. En consecuencia, en ésta industria los beneficios más altos se alcanzan cuando r = .6111... Sin embargo, puesto que en este sistema el volumen global de la ganancia aumenta siempre que r aumenta (véase la figura 8.8.) habrá al menos una rama industrial cuyos beneficios aumentan cuando r aumenta a partir de .6111... En consecuencia, habrá al menos una rama industrial que obtiene su volumen más grande de ganancia a un nivel de r diferente de éste.

A.C.3. JUSTIFICACIÓN DEL COROLARIO 2

Según P. Sraffa (1960), el valor de un bien utilizado como capital puede aumentar y disminuir varias veces sucesivamente a medida que r aumenta entre 0 y R. Ahora bien, según el teorema 6, los beneficios obtenidos con una rama industrial pueden disminuir cuando r aumenta a condición que el valor del capital que se emplea en ella disminuya suficientemente, de allí el corolario 2.

A.C.4. RELACIÓN ENTRE w Y r CUANDO LOS SALARIOS SON AVANZADOS AL PRINCIPIO DEL PERÍODO

En este caso, la ecuación:

$$K(1+r) + w(1+r) = K + PN$$

en donde K es el valor del capital y PN el valor del producto neto se verifica $\forall\, r \in [0,R]$, cualquiera que sea la unidad de medida utilizada. Si se mide con el producto neto se puede escribir:

$$K(1+r) + w(1+r) = K + 1$$

$\Rightarrow$

$$Kr + w(1+r) = 1 \qquad \forall\, r \in [0,R]$$

Como en este ejemplo K = 1 $\forall$ r $\in$ [0,R] se puede escribir la última ecuación bajo la forma:

$$r + w\,(1 + r) = 1$$

$\Rightarrow$

$$w = (1 - r)/(1 + r)$$

Por otra parte, la ecuación de producción del bien 3 se escribe:

$$p_y = K_3\,(\,1 + r\,) + (\,1 \times 10\,)^{-3}\,w\,(\,1 + r\,)$$

Puesto que el valor de los medios de producción (K_3) sigue siendo igual a 1×10^{-4} $\forall$ r $\in$ [0,R] se puede sustituir este valor así como también el nuevo valor de w en la última ecuación. Se obtiene:

$$p_3 = (1 \times 10^{-4})(1 + r) + (\,1 \times 10^{-3})(1 + r\,)(1 - r)\,/(\,1 + r)$$

$\Rightarrow$

$$p_3 = (1 \times 10^{-4})(1 + r) + (1 \times 10^{-3})(1 - r)$$

Se llega así a la ecuación [8.4.4.] del ejemplo. Desarrollando, a partir de este punto el mismo razonamiento expuesto en la prueba del teorema se llega al mismo resultado con respecto a las variaciones de la ganancia obtenida gracias a la utilización de una unidad del bien 3 (véase figura 8.9.).

A.C.5. DEMOSTRACIÓN DEL TEOREMA 7, Y DE LO SEÑALADO EN LA SECCIÓN 4.2

Prueba : Sea a'_{kj} el valor de a_{kj} y p'_k el valor de p_k para cada (k,j) donde $k \leq n$ y $j \leq J$, después del incremento. Se verifica que $a'_{kj} \leq a_{kj}$ $\forall$ (k,j) y $\forall$ r $\in$ [0,R] y la desigualdad se cumple por lo menos para una pareja de índices. Esto se desprende inmediatamente de las definiciones de las funciones a_{kj} y de incremento en la productividad.

Para cada $k \leq J$, sea $c_k = p_k'/p_k$ y sea d un bien producido, tal que $c_d \geq c_k$ $\forall$ $k \leq n$. Obsérvese que, por hipótesis $c_j = 1$ $\forall$ $j > n$.

Considérese la ecuación de producción del bien d. Antes del cambio, se tiene:

$$[a] \qquad p_d = \sum_j a_{kj} p_j$$

De acuerdo con las definiciones precedentes, se puede escribir la ecuación de producción de este bien, después del cambio, de la forma siguiente:

$$[b] \qquad c_d p_d = \sum_j [a_{kj}' c_j] p_j$$

Esto implica:

$$[c] \qquad p_d = \sum_j \left[a_{kj}' \left(c_j / c_d \right) \right] p_j$$

Se probará primero que las ecuaciones [a] y [c] pueden verificarse simultáneamente sólo si $c_d \leq 1$, es decir, sólo si ningún precio aumenta después del cambio de productividad.

En efecto, el coeficiente de cada precio en [c] es inferior o igual al que le corresponde en [a] y, si $c_d > 1$, sería estrictamente inferior para un $j > n$ por lo menos, ya que, de acuerdo con la hipótesis 5 $a_{dj} > 0$ para por lo menos un $j > n$. Esto implica que $a_{dj} > a_{dj}'(c_j/c_d)$ puesto que $c_j = 1$ para este valor de j. Como consecuencia de lo anterior, dado que $p_j > 0$ $\forall$ $j > n$ el lado derecho de [c] sería menor que el lado derecho de [a].

Se supone ahora que d es un bien cualquiera, en cuya rama productora tuvo lugar un cambio de productividad. Se probará que las ecuaciones [a] y [b] se pueden verificar solamente si $c_d < 1$, es decir, sólo si el precio del bien producido por esta rama disminuye.

En efecto, puesto que $c_j \leq 1$ $\forall$ j –de acuerdo con lo que se acaba de demostrar– el coeficiente de cada precio en [b] es inferior o igual al que tiene en [a] y es estrictamente inferior para uno de los precios del lado derecho por lo menos, ya que $a_{dj}' < a_{dj}$ para un j cuando menos, de acuerdo con la definición de cambio de productividad. Dado que se consideran sólo valores de r comprendidos en el intervalo [0.R[, el precio de cada bien es superior a cero antes del cambio de productividad, de acuerdo con el teorema 2.

Por lo tanto, el lado derecho de [b] es menor que el lado derecho de [a], lo cual implica que $c_d < 1$.

Finalmente, si la ecuación [b] corresponde a un bien en cuya producción participa directamente una industria que ha incrementado su productividad, por lo menos uno de los sumandos del lado derecho disminuye –de acuerdo con los argumentos que se acaban de presentar– mientras que ningún término del mismo lado aumenta. En consecuencia, [b] y [a] se verifican en forma simultánea sólo si $c_d < 1$, lo que significa que el precio de dicho bien disminuye.

Mediante un razonamiento similar, se puede verificar que también disminuye el precio de aquellos bienes en cuya producción participa indirectamente la industria que ha incrementado su productividad. Por otra parte, puesto que las ecuaciones de producción de los bienes en cuya producción no participan las industrias que han aumentado su productividad no han sufrido ningún cambio, los precios de dichos bienes tampoco se alterarán, lo que termina la demostración.

Lema 14. La suma D_{ee} depende del valor del coeficiente no nulo a_{kj} si y solamente si los bienes e,k y j –no necesariamente diferentes– pertenecen a la misma clase. En este caso, el valor de D_{ee} varía en el mismo sentido que el de a_{kj}.

Prueba. Obsérvese que cada uno de los términos de la suma D_{ee} es un producto de la forma:

[a] $$a_{j1,j2}\ a_{j2} \cdots a_{j(r-1),jr}$$

Aquí $r \geq 1$ y $j1 = jr = e$. Es decir, se trata de productos en los cuales el primer coeficiente corresponde a un bien j2 –no necesariamente distinto de e– que participa en forma directa de la producción de e. El último corresponde a un bien j(r–1) –no necesariamente distinto de j1– en cuya producción participa directamente el bien e.

Si el coeficiente a_{kj} forma parte de un producto no nulo de tipo [a] entonces los bienes k y j participan en la producción del bien e al mismo tiempo que e participa en la producción de ellos. En consecuencia, de acuerdo con lo que se señaló en la sección 3.1., se infiere que los tres pertenecen a la misma clase.

Por lo tanto, si D_{ee} depende del coeficiente a_{kj} entonces e,k y j pertenecen a la misma clase. En seguida se probará que si $a_{kj} > 0$ y, además e, k y j pertenecen a la misma clase entonces D_{ee} depende de a_{kj}.

En efecto, en este caso existen dos conjuntos de índices (j1,j2, …,js) y (js,j(s + 1),…,jr) tales que : a] j1= jr = e, b] js = k, c] j(s + 1) = j, d] s ≥ 1 y e] r > s para los cuales se verifica $a_{j1}a_{j2}\ldots a_{js,j(s+1)}\ldots a_{jr} > 0$.

Por lo tanto, en este caso, a_{kj} puede formar parte de un producto no nulo de tipo [a]. De lo expuesto en la sección 3.3., se infiere que este producto es uno de los términos de la suma D_{ee} y resulta después de llevarse a cabo r–1 reducciones sucesivas a partir de la ecuación de producción del bien e. O bien, si e = k = j, es el primer término de esta suma.

En consecuencia, cualquier variación en el valor de a_{kj} afecta en el mismo sentido la magnitud de D_{ee}.

APÉNDICE D

En este apéndice se demostrarán algunas proposiciones enunciadas en el anexo II.

A.D.1. MERCANCÍAS HOMOTÉTICAS

Se demostrará que es posible –si se satisfacen ciertas condiciones– construir varios sistemas homotéticos sobre la base del mismo sistema de producción original. En segundo lugar, se determinará el número de estos sistemas.

Desde un punto de vista matemático, la construcción de un sistema homotético que produce bienes no fundamentales consiste en definir un vector positivo asociado al valor propio máximo de una matriz semipositiva reducible. Este problema ha recibido una solución general en los trabajos de Frobenius.[1] Por esta razón, es suficiente plantear, en los términos matemáticos correspondientes, las condiciones que definen este tipo de sistemas.

Se puede asociar a cada grupo e (véase la sección 2.4.) una serie S_e = e,f,g,... que contiene, además de e, la totalidad de los grupos que participan en su producción colocándolos de manera que ninguno de ellos participe en la producción de los grupos que se encuentran a su derecha en S_e. Esta serie es única, salvo por el orden de sucesión correspondiente a dos grupos tales que ninguno de ellos participe en la producción del otro.

Si bien el número de grupos que puede contener una serie de este tipo no debe ser muy elevado, parece posible encontrar, en una economía normal, varias series compuestas por lo menos por dos clases.

Tal es el caso de un sistema en el cual, junto a los bienes fundamentales se producen dos bienes que participan en su propia pro-

[1] Véase F.R. Gantmacher (1966).

ducción sin que uno de ellos participe en la producción del otro.

Ahora se definirán las condiciones que se deben satisfacer para que se pueda construir un sistema homotético que produce los bienes de una serie S_e formado por F grupos ($F \geq 1$).

Se asigna a cada grupo de esta serie un índice f, determinado por el lugar que ocupa dentro de la serie a partir de la izquierda, y se representa mediante la notación C_f al conjunto de los índices correspondientes a los bienes del grupo f.

Sea q_k el número de unidades del bien k que se producen en un sistema homotético. En consecuencia, el número de unidades del bien j que se utiliza en la producción del bien k, en este sistema, es igual a $a_{k,j}\, q_k$ cuando $r = 0$.

Por otra parte, en un sistema homotético, la proporción entre la cantidad producida de cada bien y la cantidad del mismo bien utilizada como medio de producción en el sistema es la misma para todos los bienes. Sea η esta proporción, por lo tanto, para cada j existe una ecuación de tipo

$$[a] \quad \sum_{k} a_{kj} q_k = (1/\eta) q_j$$

De lo anterior, se deduce que no es posible construir un sistema homotético con los bienes de una serie S_e correspondiente a un bien que no participa en su propia producción. En efecto, la proporción entre la cantidad producida de este bien y la cantidad del mismo bien consumida en la producción de los bienes de su serie –igual a cero– no está determinada. Por este motivo, en lo sucesivo, se tomarán en cuenta sólo las series correspondientes a las clases.

Si f es uno cualquiera de los grupos pertenecientes a S_e y j uno cualquiera de los bienes de f, se puede escribir la ecuación de tipo [a] correspondiente a j, bajo la forma:

$$\sum_{k \in c_1} a_{kj} q_k + \sum_{k \in c_2} a_{kj} q_k + \ldots + \sum_{k \in c_f} a_{kj} q_k = (1/\eta) q_j$$

En ella la notación bajo cada sumatoria indica el conjunto de los valores de k con los que se debe hacer la suma en cada caso. Lo anterior permite escribir todas las ecuaciones de tipo [a] correspondientes al grupo f bajo la forma siguiente

[b] $$B_{1,f}\,Q_1 + B_{2,f}\,Q_2 + ... + B_{f,f}\,Q_f = (1/\eta)Q_f$$

Aquí, para cada $d \leq f$, $B_{d,f}$ es la matriz formada con las funciones de tipo $a_{k,j}$ en donde $k \in C_d$ y $j \in C_f$. En cada hilera se colocan las funciones correspondientes a un mismo j según un orden creciente del índice k de izquierda a derecha, y las hileras, a su vez, según la magnitud de j en orden creciente de arriba hacia abajo. Por su parte, Q_d es la matriz columna que contiene las cantidades producidas de cada bien del conjunto C_d colocadas en orden creciente del índice k correspondiente.

Para cada $f \leq F$, $B_{f,f}$ es una matriz cuadrada formada por todos los coeficientes a_{kj} en los que tanto k como j pertenecen al grupo f correspondiente. Por ello si f es una clase, se trata de una matriz semipositiva irreducible, mientras que si es un bien que no participa en su propia producción $B_{f,f} = [0]$ (véase la sección 3.1.).[2]

El sistema formado por las F ecuaciones de tipo [A.D.2.] correspondientes a la serie S_e se puede escribir bajo la forma:

[c] $$BQ = (1/\eta)Q$$

En donde

$$B = \begin{bmatrix} B_{1,1} & 0 & \cdots & 0 \\ B_{1,2} & B_{2,2} & \cdots & 0 \\ \cdot & \cdot & & \cdot \\ \cdot & \cdot & & \cdot \\ \cdot & \cdot & & \cdot \\ B_{1,F} & B_{2,F} & \cdots & B_{F,F} \end{bmatrix} \quad \text{y } Q = \begin{bmatrix} Q_1 \\ Q_2 \\ \cdot \\ \cdot \\ \cdot \\ Q_F \end{bmatrix}$$

De acuerdo con lo que precede, todos los elementos de la diagonal principal de B son o bien matrices semipositivas irreducibles o bien

[2] Puesto que todos los índices de la matriz B_{ff} corresponden a bienes de la misma clase, para cualquier par (k,j) de estos índices existe un conjunto (j1,j2,...,jr) de índices correspondientes a la misma clase, tal que $r > 1$, $j1 = k$, $jr = j$ y $a_{j1}a_{j2}...a_{jr} > 0$. Esto garantiza que B_{ff} es una matriz irreducible. Véase J. Schwarz (1962).

matrices nulas de formato [1] × [1]. Sea λ el valor de Perron de B y λ_f el valor de Perron de $B_{f,f}$ para cada $f \leq F$.

Por otra parte, puesto que cada grupo cuyo índice f es superior a 1 participa en la producción del primer grupo, hay por lo menos un bien en f que participa en forma directa en la producción de otro bien perteneciente a un grupo cuyo índice d es menor que f. En consecuencia, hay por lo menos una matriz $B_{d,f} \neq 0$ tal que $d < f$ para cada índice f si $f > 1$.

En estas condiciones existe una solución positiva para la ecuación [c] si y solamente si las dos proposiciones siguientes se verifican:

a] $(1/\eta) = \lambda_1$, y

b] $\lambda_1 > \lambda_f \quad \forall f > 1$

Esta solución está determinada unívocamente salvo por la dimensión del vector Q. Se puede consultar sobre este punto el teorema 7 presentado por F.K. Gantmatcher (1966), en el capítulo 13 de su libro.

La condición a] se satisface, si hacemos $\eta = (1/\lambda_1)$. En consecuencia, se pueden formular los siguientes resultados:

Es posible construir un sistema homotético que produce los bienes de la serie de una clase si: I] la serie contiene una sola clase, o bien si II] el valor de Perron asociado a esta clase es superior al valor de Perron correspondiente a cada uno de los demás grupos de su serie. Este sistema está determinado en forma unívoca –salvo por la dimensión de Q– y la proporción entre la cantidad producida de cada bien y la cantidad del mismo bien utilizado como medio de producción en el sistema es igual a $1/\lambda_1$.

Por otra parte, en los sistemas construidos sobre la base de una serie S_e dada, hay por lo menos un bien en cuya producción participan cada uno de los bienes de S_e. Se llamará simple a un sistema de este tipo.

El número de sistemas homotéticos simples que es posible construir sobre la base de un programa de producción dado es igual al número de clases que satisfacen las condiciones I] o II], indicadas antes. En efecto, el conjunto de bienes que integran la serie de una clase, así como el valor de Perron asociado a cada clase, están determinados de una manera unívoca.

Además de los sistemas simples, es posible construir otros sistemas homotéticos que no son simples. Por ejemplo, considérese un sistema de producción donde se encuentran las series {a}, {e,a} y {k,a} en donde a, e y k son clases tales que $\lambda_e = \lambda_k$ mientras que $\lambda_e > \lambda_a$. En este caso, además de los tres sistemas simples correspondientes a las tres series, es posible definir un cuarto sistema homotético que produce los bienes de las tres clases.

A.D.2. MERCANCÍAS HOMOTÉTICAS Y MERCANCÍAS "EQUILIBRADAS"

Se entiende por mercancía "equilibrada" aquella que se produjo utilizando la misma proporción entre cantidades de trabajo y de medios de producción, en todas las fases del proceso.

T. Miyao (1977) ha estudiado –primero que nadie, según nuestra información– la determinación del número de mercancías equilibradas que es posible definir sobre la base de un sistema de producción dado. Éste puede ser diferente al número de las mercancías homotéticas según el sistema de que se trate.

Por ejemplo, en *Producción de mercancías...* Sraffa hacía referencia a un sistema en el que la proporción entre las cantidades de trabajo y la de los medios de producción utilizados es la misma en todas las industrias. Si en este sistema existe una sola clase se puede construir un solo sistema homotético mientras que el número de las mercancías "equilibradas" es infinito. En efecto, toda colección de bienes perteneciente a este sistema se habrá producido utilizando la misma proporción entre cantidades de trabajo y de medios de producción en todas las fases sucesivas.

A.D.3. PROPORCIONES ENTRE LAS CANTIDADES DE TRABAJO UTILIZADAS EN FORMA DIRECTA E INDIRECTA EN EL MODELO DE SRAFFA

En esta sección se llamará mercancía homotética (MH) al vector línea de los bienes producidos por un sistema homotético. Se mostrará que toda mercancía homotética se produce de tal manera que el valor de los medios de producción utilizados y el valor de los salarios pagados guardan la misma proporción en todas las fases sucesivas de su elaboración.

Sea F el vector línea de los medios de producción utilizados en la producción de MH. Se sabe que F = [1/(1 + R)]MH, en donde 1 + R es la proporción entre la cantidad producida de cada bien y la cantidad de éste utilizada como medio de producción en el sistema. La relación anterior permite escribir la ecuación de producción de MH de la manera siguiente:

$$(1 + r)FP + wL = (1+ R)FP$$

Aquí P es el vector-columna de los precios correspondientes a los bienes de MH; L es la suma de las cantidades de trabajo –o de las unidades de salario– utilizadas en la última etapa de producción de MH, y w es el valor de la unidad de salario medida con una unidad de medida cualquiera (siempre que P esté medido en la misma unidad).

Para obtener la ecuación de producción correspondiente a la penúltima fase de producción de MH, basta con dividir la ecuación señalada entre (1 + R). En efecto, así queda:

$$\frac{1+r}{1+R}FR+\frac{w}{1+R}L=FP$$

En forma análoga para obtener la ecuación correspondiente a la t-ésima fase de la producción de MH –contando a partir de la última–, basta con dividir la misma ecuación entre $(1 + R)^{(t-1)}$. De esta manera, queda:

$$\frac{1+r}{(1+R)^{(t-1)}}FP+\frac{w}{(1+R)^{(t-1)}}L=\frac{1}{(1+R)^{(t-2)}}FP \quad \forall t \in N$$

Para obtener la proporción entre el valor del salario y el de los medios de producción utilizados en la t-ésima fase, se divide la última ecuación por $FP/(1 + R)^{(t-1)}$

Se obtiene:

$$1 + r + \frac{wL}{FP} = 1 + R$$

$\Rightarrow$

$$\frac{wL}{FP} = R - r$$

De aquí se sigue que el valor de esta proporción en cada una de las etapas es igual al valor que ella tiene en la primera etapa. Por otra parte, la última ecuación muestra que el valor de MH en unidades de salario se acerca a $+\infty$ cuando $r \rightarrow R$, mientras que si $r < R$ el valor de MH es un número real positivo.

A.D.4. PROPORCIONES ENTRE TRABAJO Y CAPITAL EN LOS EJEMPLOS DEL ANEXO II

Si $r = 0$, $w = 1$, por lo cual se puede escribir el sistema 2 bajo la forma:

$$0.1p_1 + l_1 = p_1$$

Por otra parte, sumando las dos ecuaciones del sistema 3, se obtiene:

$$0.2p_1 + 0.1p_2 + l_1 + 0.5l_2 = p_1 + 0.5p_2$$

De la primera ecuación, se deduce que $l_1 = 0.9p_1$ y, por lo tanto, $l_1/0.1p_1 = 9$, mientras que de la segunda se obtiene:

$$l_1 + 0.5l_2 = 0.8p_1 + 0.4p_2$$

Esto implica que:

$$(l_1 + 0.5\, l_2)/(0.2p_2 + 0.1p_2) = 4.$$

CONCLUSIONES

A continuación se señalarán, de manera resumida, las principales contribuciones de este libro al estudio de los temas abordados.

En primer lugar, se ha presentado un marco de referencia teórico para el estudio de los precios de producción, cuyo grado de generalidad puede considerarse equivalente al del modelo Arrow-Debreu, ya que sólo omite el estudio de las situaciones en las que los rendimientos a escala son constantes en la producción.

Sin embargo, el conjunto de los resultados alcanzados –con la sola excepción de los que se apuntan en el capítulo 7– se demuestra también para este caso, ya que no depende del tipo de rendimientos a escala, vigentes en el modelo.

Por otra parte, el análisis desarrollado en el séptimo capítulo se puede aplicar también a un modelo que incluya la posibilidad de rendimientos constantes a escala, como se ejemplifica en el capítulo 6. Por razones que no viene al caso especificar aquí, este problema queda pendiente para un estudio futuro.

Este marco más general de referencia se justifica por el interés propio de cualquier teoría: conocer los límites de aplicación de los resultados intuidos o demostrados con base en los modelos más sencillos. Pero además de esto, en nuestro caso, tiene un interés especial por el hecho de que el modelo de referencia que se adoptó es equivalente –con la excepción indicada más arriba– al que estudia la escuela neoclásica en su versión más reciente, lo cual permite la comparación de ambas teorías.

Con respecto a ello, el resultado más importante es el teorema 5, que establece la existencia de un k-equilibrio con precios de producción para cada nivel dado de las tasas de interés y de ganancia. Su interés principal consiste en que muestra una manera de explicar la determinación de las cantidades que se intercambian bajo un sistema de precios de producción, según la teoría del desequilibrio.

Este resultado demuestra la compatibilidad de las dos teorías señaladas y, al mismo tiempo, ofrece una solución original a un problema común a las diferentes escuelas clásicas y a sus seguidoras, es decir, el problema de la determinación de la demanda en sus diferentes modelos.

Por otra parte, este modelo permite representar formalmente un aspecto del funcionamiento de la economía capitalista, en la cual las acciones de los diferentes agentes son interdependientes pero no se influyen unas a otras en igual medida.

La fidelidad con la que el modelo puede representar el fenómeno aludido es aún difícil de precisar ya que, entre otras cosas –como se señala en la introducción– no incluye la forma en la que esta desigualdad se refleja en la determinación de los precios, lo cual plantea un tema importante para una investigación futura.

Pese a lo anterior, sería interesante observar el funcionamiento de un modelo empírico sobre la base del que se ha expuesto aquí. En efecto, esto permitiría, entre otras cosas, utilizar el procedimiento de calibración, común en los modelos de equilibrio general aplicado, para definir el orden jerárquico de los agentes que mejor se adapte a los datos reales.

Esto será importante ya que, en tanto se considere que el modelo permite simular el funcionamiento real, dicho resultado arrojaría alguna luz sobre el orden social, tal y como se refleja en el funcionamiento de la economía.

Otros resultados que valdría la pena estudiar empíricamente son los que se señalan en el capítulo 8. Por ejemplo –sin olvidar las limitaciones señaladas en los párrafos precedentes– la identificación de los sistemas de precios de producción que permiten la igualdad de la productividad marginal y del salario, abre la posibilidad de establecer el nivel máximo del salario con el que puede haber precios estables, lo que es de interés para la política económica.

Por otra parte, en los capítulos 2, 3, 4, 8 y 9 se ha desarrollado un estudio detallado de algunos aspectos del modelo. En los tres primeros, se estudiaron los sistemas de precios de producción y se llegó a establecer una condición necesaria y suficiente para su existencia en los teoremas 1 y 4.

La importancia de este resultado consiste en que se establece una solución general a un problema sobre el cual se ha publicado una abundante bibliografía en la que se ofrecen sólo soluciones a casos particulares.

También se puede señalar que, a diferencia de éstas, el sentido económico de la solución matemática que presentamos es claro y coincide con el resultado clásico de Hawkins y Simon (1946) para los modelos con producción simple por lo que se puede decir que el nuestro es una generalización de este resultado.[1]

En los dos últimos capítulos y en el anexo II se estudiaron, con referencia a un modelo más general, algunos temas que han dado pie a un gran número de publicaciones. Por este motivo, aunque también se generalizaron algunos resultados ya conocidos, nos limitaremos a señalar aquí las contribuciones originales:

1] Se estableció un procedimiento para identificar los niveles de r que permiten la igualdad entre el salario y el valor de la productividad marginal del trabajo.

2] Se estableció que la ganancia de una rama industrial puede disminuir cuando la tasa general de ganancia aumenta.

3] Se precisó que si las cantidades de bienes no producidos se mantienen constantes, un incremento en la productividad física de una industria que produce un bien de producción –fundamental o no–, tiene como consecuencia un incremento en la tasa de ganancia, para cada nivel de la distribución del ingreso.

Al mismo tiempo, este fenómeno produce un aumento en la remuneración de los factores de la producción no producidos y una disminución del valor del capital para cada nivel de la tasa de ganancia.

Sin embargo, si disminuye la cantidad de por lo menos uno de los bienes no producidos utilizados, la tasa de ganancia que corresponde a cada nivel de la distribución del ingreso puede disminuir cuando aumenta la productividad.

4] Se demostró la posibilidad de construir varios sistemas homotéticos sobre la base del mismo sistema de producción original.

[1] Para una revisión reciente de esta bibliografía consúltese Ch. Bidard (1992).

De estos resultados se desprenden algunas consideraciones de caracter general y ciertas críticas que exponemos a continuación:

a] El resultado señalado en el inciso 1] muestra que es posible, en el caso de la producción simple, la determinación simultánea del valor del capital y de la distribución del ingreso. Esto contradice la crítica presentada por J. Robinson (1954) a la teoría neoclásica de la distribución del ingreso con respecto a la existencia de un "círculo vicioso" en la determinación de ambas variables.

b] El teorema 6 muestra que –contrariamente a la opinión dominante– una variación de la tasa de ganancia no es necesariamente un buen indicador de la variación de la ganancia cuando se considera una rama industrial o una empresa.

Por otra parte, este teorema indica que los capitalistas no forman siempre un grupo de interés económico homogéneo frente a cualquier disminución salarial. En efecto, para las reducciones del salario inferiores al del nivel correspondiente a β ciertos capitalistas pueden sufrir una disminución de sus ganancias. Por consiguiente, los capitalistas no forman necesariamente una clase social en el sentido de K. Marx (1975), salvo para los niveles de la tasa de ganancia inferiores a β.

Desde nuestro punto de vista, este resultado es particularmente importante porque permite, en principio, una definición rigurosa de los grupos de interés económico presentes en una economía dada.

c] La crítica presentada por N. Okisho (1961) a la ley de la tendencia decreciente de la tasa de ganancia formulada por K. Marx (1975) resulta confirmada y extendida al caso de los progresos técnicos introducidos en las ramas que producen bienes de producción no fundamentales, cuando las cantidades de insumos no producidos se mantienen constantes.

En efecto, como se señaló antes, una mejoría en las condiciones de producción de un bien de producción no fundamental tiene como consecuencia un incremento de la tasa de ganancia sin que haya necesidad de modificar la distribución del ingreso.

Sin embargo, la previsión de dicha ley puede cumplirse si el cambio técnico hace disminuir las cantidades utilizadas de algún bien no producido.

d] Aunque se han publicado ya algunos trabajos que muestran los límites del enfoque de Sraffa sobre el problema de la distribución del ingreso en general, y en particular con respecto a la perspectiva de los clásicos, hasta ahora no se habían puesto en evidencia algunas debilidades que se encuentran en la base de la construcción teórica elaborada por este autor.[2]

Con respecto a esto, se mostró que el precio relativo de dos mercancías patrón pertenecientes al mismo sistema varía cuando la distribución del ingreso se modifica. Esto es suficiente para demostrar que la tesis de la "invariabilidad" del valor de este tipo de mercancías es érronea. Por otra parte, se analizó aquí la argumentación presentada por Sraffa para poner en evidencia sus debilidades.

Por último, en el anexo I se señalaron algunas restricciones innecesarias en la definición de los planes de transacciones viables en el modelo de Arrow-Debreu y, al mismo tiempo, se apuntaron las modificaciones necesarias para superarlas.

[2] Véanse sobre este punto C. Benetti y J. Cartelier (1976).

BIBLIOGRAFÍA

Abraham-Frois, G. y E. Berribi (1987), *Prix, profits et rythmes d'accumulation,* París, Économica.

Allais, M. (1989), *La théorie générale des surplus*, Grenoble, Presses Universitaires de Grenoble.

Arrow, K.J. y F. Hahn (1971), *General competitive analysis*, San Francisco, Holden-Day [*Análisis general competitivo*, México, FCE, 1977].

Arrow, K.J. (1983), *Collected papers*, vol. II, Cambridge, Harvard University Press.

Autume, A. d' (1985), *Monnaie, croissance et déséquilibre*, París, Economica.

— (1988), "La production jointe: le point de vue de la théorie de l'équilibre général", *Revue Économique*, núm. 2.

Balasko, Y. (1983), *Foundation of the theory of general equilibrium*, Orlando, Academic Press.

Beavis, Brian e Ian Dobbs (1990), *Optimization and stability theory for economic analysis,* Cambridge, Cambridge University Press.

Benassy, J.P.(1984), *Macroéconomie et théorie du déséquilibre,* París, Dunod.

Benetti, C. (1974), *Valeur et répartition*, Grenoble, Presses Universitaires de Grenoble.

Benetti, C. y J. Cartelier (1976), "Prix de production et étalon" en: *Economie classique economie vulgaire*, varios autores, Grenoble, Presses Universitaires de Grenoble.

Benítez, A. (1986), "L'étalon dans la théorie de P. Sraffa", *Cahiers d'economie politique*, núm. 12, París.

— (1990), "Relaciones entre la teoría del equilibrio general de G. Debreu y la teoría de P. Sraffa", *Economía:Teoría y Práctica*, núm. Competencia y monopolio, México.

— (1991), "Les variations du salaire et les groupes d'intérêt au niveau macroéconomique: un théorème", *Cahiers d'Économie Politique*, núm. 17.

— (1993), "k-equilibrios con precios de producción", *El Trimestre Económico*, núm. 240, México.

Berge, C. (1966), *Espaces topologiques. Fonctions multivoques*, París, Dunod.

Bidard, Ch. (1984), *Prix, production, rareté,* París, Dunod.

Bordas, K. C. (1985), *Fixed points theorems with applications to economics and game theory*, Cambridge, Cambridge University Press.

Cartelier J. (1976), *Surproduit et reproduction*, Grenoble, Presses Universitaires de Grenoble [*Excedente y reproducción: la formación de la economía política clásica*, México, FCE, 1981].

Castaingts, J. (1984), *Dinero, valor y precios*, México, UAM.

Debreu, G. (1959), *Theory of value*, Nueva York, Wiley [*Teoría del valor: un análisis axiomático del equilibrio económico*, Barcelona, Bosch, 1973].

— (1982), "Existence of competitive equilibrium", en Arrow K.J. e Intriligator (editores), *Handboock of mathematical economics*, vol. II, Amsterdam, North Holland.

Delarue, A. (1982), "L'insertion dans le temps des processus de production et son impact sur la repartition et la productivité", *Revue Economique*, vol. 33, París.

Dreze, J. (1975), "Existence of an equilibrium under price rigidity and quantity rationing", *International Economic Review,* núm. 16, pp. 301-320.

Faccarello, G. y Ph. Lavergne (comps.) (1977), *¿Une nouvelle approche en économie politique?*, *Essais sur Sraffa*, París, Economica.

Gale, D. (1960), *Theory of linear economic models*, Nueva York, McGraw-Hill.

Gantmatcher, F.R. (1966), *Matrix theory*, Nueva York, Chelsea Publishing Company.

Grandmont, J.M. (comp.) (1982), *Temporary equilibrium*, San Diego, Academic Press.

Harcourt, G.C. (1972), *Some Cambridge controversies in the theory of capital*, Londres , Cambridge University Press.

Hahn, F.H. (1982), "The neo-ricardinas", Cambridge, *Journal of Economics*, núm. 49, pp. 14-33.

Hawkins, D. y H.A. Simon (1949), "Some conditions of macroeconomics stability", *Econometrica*, núm. 17, pp. 245-8.

Hildenbrand, W.H. (1974), *Core and equilibria of a large economie*, Princeton, Princeton University Press.

Keynes, J.M. (1936), *The general theory of employement, interest and money*, Londres, McMillan [*Teoría general de la ocupación, el interés y el dinero*, México, FCE, 1965].

Klimovsky, E.A. (1985), *Renta y ganancia en la economía política clásica*, México, UAM.

Koopmans, T.C. (1957), *Three essays on the state of economic science*, Nueva York, McGraw-Hill [*Tres ensayos sobre el estado de la ciencia económica*, Barcelona, Antoni Bosch].

Lacomba, E.A. (1974), "Polynomial roots as smooth functions of the real polynomial coefficients" *Comunicaciones técnicas*, núm. 69, CIMAS, UNAM.

Leontief, W. (1941), *The structure of the American economy*, 1919-1929, Cambridge, Harvard University Press.

Lisman (1965), *Mathématiques pour économistes*, París, Dunod.

Lutz, F.A. (1968), *The theory of capital*, Nueva York, McMillan.

Malinvaud, E. (1968), *Leçons de théorie microéconomique*, París, Bordaz [*Lecciones de teoría microeconómica*, Barcelona, Ariel].

Mas-Colell, A. (1984), *The theory of general economic equilibrium*, Cambridge, Cambridge University Press.

Maurisson, P. (1984), "Une analyse typologique des modèles non néoclasiques a deux variables de la répartition" *Cahiers d'conomie politique*, núm. 9, París.

Marx, K. [1867] (1975), *El capital*, vol. 1, México, Siglo XXI.

Miyao, T. (1977), "A generalisation of Sraffa's standar commodity and its complete caracterisation", *International Economic Review*, vol. 18.

Morishima, M. (1973), *Marx's economics*, Cambridge, Cambridge University Press.

Nadal, A. y C. Salas (1987), "Une réflexion sur les ensembles individuels non-bornés et la demostration de l'existence de l'équilibre général", *Rechercces économiques de Louvain*, vol. 53.

Newman, P. (1977), "Lettres à Sraffa", en Faccarello, G. (1977), *Une nouvelle aproche en économie politique?,* París, Economica.

Newman, J. von (1945), *A model of general economic equilibrium*, *Review of economic studies*, XIII C1.

Nikaido, H. (1970), *Introduction to sets and mappings in modern economics*, Amsterdam, North Holland Publishing.

Noriega, F. (1994), *Teoría del desempleo, la distribución y la pobreza*, México, Ariel Economía.

Okisho, N. (1961), *Technical progres and the rate of profits*, Kobe, Kobe University Economic Review.

Ortiz, E. (1994), *Competencia y crisis en la economía mexicana*, México, Siglo XXI.

Ricardo, D. (1917), (1951) *On the principles of political economy and taxation*, Cambrigde, Cambridge University Press [*Principios de economía política y tributación*, México, FCE, 1959].

Robinson, J.B. (1954), "The production function and the theory of capital", *Revue of Economic Studies,* núm. 21.

Roemer, J.E. (1980), "A general equilibrium approach to marxian economics", *Econometrica*, vol. 48, núm. 2.

Schwartz, J. (1962), *Lectures on the mathematical method in analytical economics*, Nueva York, Gordon and Breach.

Seneta, E. (1973), *Positive square matrix*, Nueva York, Gordon and Breach.

Sraffa, P. (1960), *Production of commodities by means of commodities*, Cambrigde, Cambridge University Press [*Producción de mercancías por medio de mercancías*, Barcelona, Oikos-Tau, 1965].

Steedman, I. (1977), *Marx after Sraffa*, Londres, New Left Books.

Takayama, A. (1985), *Mathematical economics*, Cambridge, Cambridge University Press.

Uribe, P. (1991), "Equilibrios competitivos y soportes del crecimiento en el modelo de J. von Newman". *Estudios económicos*, México, El Colegio de México.

Walras, L. (1874,[1988]), *Eléments d'économie politique pure*, París, Economica [*Elementos de economía política pura*, Madrid, Alianza, 1987].

tipografía: de buena fuente
impreso en litográfica ingramex
centeno 162 - 1
col. granjas esmeralda - 09810 méxico, d.f.
dos mil ejemplares y sobrantes
30 de septiembre de 1995